Einführung

Lern das Wald-Hochhaus kennen
Wir durchwandern die Stockwerke im Wald

Unser heimischer Buchen-Eichen-Laubmischwald besteht, wissenschaftlich gesehen, aus unterschiedlichen „Schichten", ähnlich wie Stockwerke in einem Hochhaus. Im „Hochhaus Wald" haben sich Pflanzen und Tiere an die Gegebenheiten „ihres Stockwerks" angepasst. Wandern Sie mit uns vom Erdgeschoss in die Dachwohnung:

Erdgeschoss:
Die Moos- oder auch Bodenschicht

Ganz nach unten, auf den Waldboden, dringt nur wenig Licht, denn die Blätter der hohen Bäume fangen das meiste Sonnenlicht ab. Trotzdem gibt es hier die größte Artenvielfalt von Pflanzen und Tieren. Die Lebewesen, die hier leben, haben sich an die besonderen Bedingungen angepasst. Moose machen den größten Teil der pflanzlichen Lebewesen aus und bestimmen den Namen dieses Waldstockwerks. Hier ganz nah am oder im Boden krabbeln Spinnen, Ameisen und Käfer. Schnecken kriechen hier, Pilze wachsen und sogar einige Vogelarten halten sich hier auf, wie z. B. das Rotkehlchen, das sich hier Nahrung sucht.

PiKo • Waldkinder • 1

Erster Stock: Die Krautschicht

Direkt über der Moosschicht bevölkern bis in etwa einen Meter Höhe Zwergsträucher und Blütenpflanzen die Waldwelt und locken mit ihren Pollen oder Nektar Insekten an. Farne und niedrigere Beerensträucher wuchern hier gern. Die Ausprägung der Krautschicht ist davon abhängig, wie viel Licht bis kurz über den Boden gelangt. In dunkleren Wäldern, z. B. Nadelwäldern oder Schattenwäldern, ist sie kaum ausgeprägt. In lichteren Wäldern mit vielen Blütenpflanzen können sich hier dagegen evtl. Schmetterlinge und Bienen einfinden.

Zweiter Stock: Die Strauchschicht

Nicht ganz so hoch wie die Waldbäume wachsen Sträucher wie Haselnuss, Weiß- oder Schwarzdorn, Seidelbast und Holunder. Die Beeren sind beliebt bei den gefiederten Bewohnern des zweiten Stockes: kleineren Waldvögeln wie Singdrossel, Amsel, Meise usw. Aber auch Haselmaus und Zwergspitzmaus kann man hier noch begegnen.

Dachgeschoss: Die Kronenschicht

Das größte und höchste Stockwerk im Waldhaus ist die Kronenschicht, also die großen Kronen der hohen Waldbäume wie Buche, Eiche usw. mit ihren zahlreichen Blättern. Darum haben sich hier blattfressende Insekten (z. B. Blattläuse) eingefunden und unweigerlich auch größere Tiere, die sich wiederum die Insekten schmecken lassen wie Elstern oder andere Waldvögel. Auch die großen Greifvögel des Waldes (Eulen, Käuze, Sperber) halten von den hohen Ästen Ausschau nach Fressbarem. Das Eichhörnchen ist hier ebenfalls zu Hause und profitiert von Eicheln und Bucheckern. Der Baummarder hält Ausschau nach Beutetieren wie Eichhörnchen und kleinen Vögeln. Hier oben in der Kronenschicht ist es je nach Walddichte schön hell. Das nutzen die grünen Blätter der Waldbäume, die mit ihren Zellen Sonnenlicht einfangen und es in für den Baum weiter nutzbare Stoffe umwandeln.

Inhalt

1	**Einführung**
3	**Inhaltsverzeichnis / Impressum**

Natur & Draußensein

5	**„Achtung: Eichenblatt!"** *Ein Renn- und Fangspiel mit Baum-Wissen*
7	**Waldtiere suchen sich** *Auditives Wahrnehmungsspiel für drinnen oder draußen*
9	**Welcher Baumstamm war es?** *Ein taktiles Spiel für Baumdetektive*
11	**Mooshüpferkönig** *Ein sportliches Waldspiel mit allen Sinnen*
13	**Dem Eichhörnchen auf der Spur** *Eine Wald-Schatzsuche für Eichhörnchen-Experten*
15	**Das Waldschätze-Quiz** *Wettspiel mit selbstgefundenen Schätzen aus dem Wald*

Körper & Bewegung

17	**Vögel „aus dem Wald"** *Ein Bewegungsspiel mit Sausevögeln*
19	**Fichtenzapfen-Hüpfparade!** *Ein sportliches Spiel für Muskeln, Geschicklichkeit und Konzentration*
21	**Kreiselrennen mit Hindernissen** *Hindernisparcours im Wald*
23	**Der Jäger** *Versteck- und Fangspiel mit Altersvarianten*
25	**Horch mal in den Wald!** *Auf dem Erlebnispfad die Stille des Waldes erleben!*
27	**So schmeckt der Wald!** *Brombeer- und Himbeertörtchen selbst gemacht*

Spiel & Experimente

29	**Die Spechtschmiede** *Eine knifflige Aufgabe für Vogeldetektive*
31	**Mach es wie der Eichelhäher!** *Ein Herbst-Experiment zum Entstehen von Wald*
33	**Blatt-Detektive lösen Rätsel** *Warum verfärben sich im Herbst die Blätter?*
35	**Tanzende Waldbeeren** *Ein Experiment mit Waldbeeren*

Inhalt & Impressum

37	**Was nicht in den Wald gehört …**	
	Eine Mini-Schatzsuche für clevere Waldkids	
39	**So stark sind Hagebutten**	
	Ein Experiment im Herbst und Winter	
41	**Wie Bäume trinken**	
	Ein Experiment zum Flüssigkeitstransport im Baum	

Musik & Kreatives

- 43 **Mein Pilz fürs Kinderzimmer**
  Ein ganz persönlicher Wunschpilz aus Waldmaterial
- 45 **Zarte Mooswaldfeen**
  Waldbewohner aus Fundstücken
- 47 **Gut gemerkt ist halb gewonnen**
  Ein Malspiel für gute Beobachter
- 49 **Bunte Erdkugeln**
  Modellieren mit Waldboden
- 51 **Musik aus dem Wald**
  Ein Zupfinstrument mit Schätzen aus dem Wald
- 53 **Schnecken-Rasseln**
  Schnelles Musikinstrument aus dem Wald
- 55 **Die Königin der Blätter**
  Eine Klanggeschichte zum herbstlichen Blätterflug im Wald
- 57 **Der Waldsong**
  Ein Song über Waldbäume
- 59 **Komm mit in den Wald!**
  Tierisch guter Song über Lebewesen im Wald

Sprache & Medien

- 61 **Atemspiele mit Waldblättern**
  Pusten wie der Wind im Wald
- 63 **Darf ich vorstellen: Stefan Stock!**
  Sprachspiele mit einem selbst kreierten Waldwichtel
- 65 **Das Gedicht vom Zapfentier**
  Einen Gedichthelden herstellen und damit spielen
- 67 **Igel-Theater!**
  Ein Theaterstück mit dem Stabigel Ingo
- 69 **Karl, der Waldkauz, passt nicht auf**
  Eine Geschichte übers Fressen und Gefressenwerden
- 71 **Poster-Info**
  Anregungen und Informationen zum Wimmelposter

IMPRESSUM

© Verlag Herder GmbH
Freiburg im Breisgau 2012
Alle Rechte vorbehalten
www.herder.de

Ordner-Umschlag:
Foto: © www.shutterstock.com

Leitfaden:
Texte: Petra Stamer-Brandt
Foto Cover: © www.shutterstock.com
Fotos innen: © Bärbel Merthan; www.fc

Praxisseiten:
Texte: Bärbel Merthan/Redaktion
Fotos: © Bärbel Merthan;
www.fotolia.de, www.pixelio.de

Redaktion: Renate Bernstein-Venn
Fachliche Beratung: Dr. Christoph Bart
Gestaltung: Büro MAGENTA,
Freiburg im Breisgau
Illustrationen: Nikolai Renger, Karlsruh

Produktion der Ringmappen:
Achilles, Celle
Produktion der Materialien:
fgb · freiburger graphische betriebe

 MIX
Papier aus verantwortungsvollen Quellen
FSC® C106847

Printed in Germany

Der PiKo-Ordner „Waldkinder"
beinhaltet Leitfaden, Praxisseiten und
Praxiskarten sowie ein Poster.

Zusätzlich bestellbar ist eine Audio-CD
(978-3-451-50008-4) für 14,95 €
(unverbindliche Preisempfehlung).

ISBN 978-3-451-50007-7

Natur & Draußensein

„Achtung: Eichenblatt!"
Ein Renn- und Fangspiel mit Baum-Wissen

→ **Förderschwerpunkt**
- **Naturwissenschaftliches Wissen**
- **Freude an Bewegung**
- **Regelverständnis**
- **Logisches Denken**
- **Bewegung/Grobmotorik**

Alter
 ab 4 Jahren (etwa 8 Kinder)

Spielsituation
 draußen

Materialien
 Blätter von Baum und Strauch

Natur & Draußensein

Einstieg

Jedes Kind sucht sich ein Blatt vom Baum oder Strauch. Wichtig ist, dass so viele unterschiedliche Blätter wie möglich gesammelt werden. Jedes Kind beschreibt die Form und den Rand sowie die Farbe seines Blattes.

Wissen die Kinder schon, wie die Bäume heißen, von denen ihr Blatt stammt? Vielleicht können ja auch die anderen Kinder helfen, wenn es ein Kind nicht weiß. Sie können auch auf den Praxiskärtchen der einzelnen Waldbäume nachschauen.

oval, eiförmig

nadelförmig

herzförmig

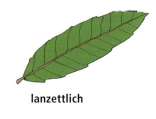
lanzettlich

Los geht's

→ Ein Kind wird als Fänger ausgezählt.
→ Alle anderen haben ihr Blatt gut sichtbar in der Hand.
→ Sie dürfen sich 20 Schritte vom Fänger entfernen.
→ Auf ein Signal vom Spielleiter versucht der Fänger eines der Kinder zu erwischen.
→ Schnell kann es sich in der Hocke in Sicherheit bringen, wenn es den Namen seines Blattes nennen kann und das Blatt gut sichtbar in die Höhe hält, z. B. „Eichenblatt". Dann darf es nicht abgeschlagen werden.
→ Hocken mehr als drei Kind mit ihrem hochgehaltenen Blatt da, ruft der Fänger: „Blätter fliegt!", und sogleich müssen sich alle Blätter wieder bewegen und am Spiel teilnehmen.
→ Das Kind, das gefangen wurde, ist der neue Fänger.

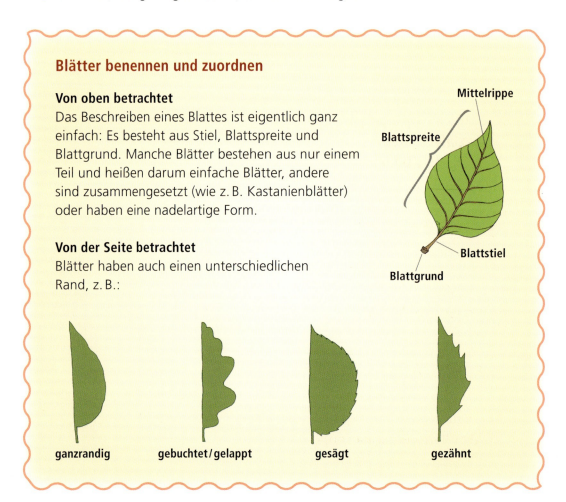

PiKo • Waldkinder • 6

Natur & Draußensein

Waldtiere suchen sich

Auditives Wahrnehmungsspiel für drinnen oder draußen

→ **Förderschwerpunkt**
- Auditive Wahrnehmung
- Sprache – Tiergeräusche machen
- Sozialverhalten
- Logisches Denken

Alter
ab 4 Jahren

Spielsituation
draußen
im Gruppenraum

Materialien
Tierbilder, je 2 Stück von Reh, Eule, Maus, Wildschwein (ersatzweise Tiermemorykarten, selbst gemalt oder kopierte Waldtiere-Praxiskarten)

Natur & Draußensein

Einstieg

Schauen Sie mit den Kindern die Waldtiere-Kärtchen an. Diese Tiere sind den Kindern meist nicht so bekannt wie beispielsweise Bauernhoftiere. Wissen die Kinder auch, wie die Tiere rufen bzw. welche Geräusche sie machen?

Los geht's

→ Erarbeiten Sie vier Tierstimmen mit den Kindern (z. B. nach Auswahl der Kinder). Unser Beispielvorschlag

- Der Fuchs bellt ähnlich wie ein Hund – wuff, wuff, wuff.

- Die Eule ruft – hu, hu, hu.

- Die Waldmaus piepst – piep, piep, piep.

- Das Wildschwein schnauft und grunzt – schnuff, schnuff, schnuff – quiek, quiek, quiek/ oink, oink, oink.

→ Nachdem die Kinder alle vier Tierstimmen selbst ausprobiert und eingeübt haben, beginnt das Spiel. Die Tierkarten werden verdeckt auf den Boden gelegt. Jedes Kind nimmt sich eine Karte und schaut sich das Tier an. Die Karte behält es bei sich.

→ Auf das Kommando: „Waldtiere, sucht euch!" machen die Kinder die entsprechenden Tierstimmen nach und suchen das andere Waldtier der gleichen Tierart.

→ Gewonnen haben die Kinder, die sich am schnellsten richtig gefunden haben. Die gleichen Tierbildkarten beweisen es.

→ Haben die Kinder noch Ideen für die Tierstimmen anderer Waldbewohner?

Natur & Draußensein

Welcher Baumstamm war es?

Ein taktiles Spiel für Baumdetektive

Birke

Eiche

→ **Förderschwerpunkt**
- **Sinneswahrnehmung** – Strukturen ertasten
- **Logisches Denken** – besondere Eigenschaften merken

Alter
   ab 5 bis 6 Jahren
   Spielsituation

Spielsituation
   draußen

Materialien
   Augenbinde

Einstieg

Lassen Sie die Kinder besonders auf die unterschiedlichen Rindenstrukturen von Baumstämmen achten und sie ertasten und beschreiben. Welche Farbe hat die Rinde? Was kann man noch am Baumstamm feststellen?

So geht's

→ Suchen Sie mit den Kindern einige unterschiedliche Baumstämme, die dicht beieinander stehen.
→ Verbinden Sie einem freiwilligen Kind die Augen und führen es mit verbundenen Augen zu einem Baumstamm.
→ Der Baumstamm wird nun gründlich von dem Kind abgetastet. Es merkt sich Astlöcher und kleine Zweige, die auf seiner Tasthöhe am Baumstamm zu erkennen sind.
→ Danach wird es vom Baum weggeführt und die Augenbinde entfernt.
→ Weiß das Kind, welchen Baumstamm es ertastet hat, und warum glaubt es, dass es dieser Baumstamm war?
→ Ein neues Kind kann nun vom ersten Kind zum Tasten bestimmt werden. Jedes Kind sollte einmal tasten dürfen. Danach können sich die Kinder austauschen: War dieses Spiel schwierig oder einfach?

Rinde

Die Rinde oder Borke eines Baumes isoliert und schützt den Baum vor dem Austrocknen. Sie ist die äußerste Schicht am Baumstamm. Während die Rinde junger Bäume oft noch glatt ist, bildet die älterer Bäume durch Aufplatzen oder durch Verletzungen am Baum oft Risse, Falten und Schuppen. Die Rinde sieht je nach Baumart ganz anders aus.

Buche

Birke

Querschnitt durch einen Baumstamm

Unter der Rinde liegt eine Bastschicht. Früher nutzten die Menschen Bastfasern zum Binden, Flechten oder Körbeherstellen. Darunter liegt eine sehr dünne Wachstumsschicht, die für das Breitenwachstum des Baumstammes verantwortlich ist. Unter der Wachstumsschicht befindet sich das Splintholz, durch dessen Kapillaren der Wassertransport von der Wurzeln in die Baumkrone stattfindet. Mit zunehmendem Alter wandelt sich das Splintholz bei manchen Bäumen in Kernholz. Bei manchen quer durchgeschnittenen Baumstämmen kann man Kern- und Splintholz sehr gut von einander unterscheiden. Das Kernholz mit dem Mark ist dunkler gefärbt (z. B. bei Fichte und Buche).

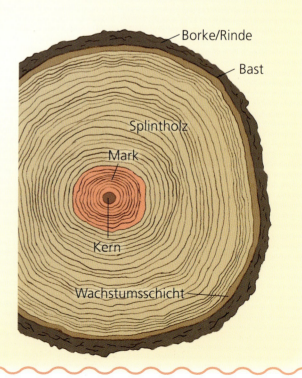

Mooshüpferkönig

Ein sportliches Waldspiel mit allen Sinnen

→ **Förderschwerpunkt**
- **Motorische Geschicklichkeit**
- **Sinneswahrnehmung** – auf weichem Moos hüpfen
- **Logisches Denken** – Regelverständnis

Alter
ab 5 bis 6 Jahren (2 bis 4 Kinder)

Spielsituation
draußen

Materialien
ein Platz im Wald mit Moosbewuchs

Einstieg

Suchen Sie im Wald einen Platz mit Moos und lassen Sie die Kinder das Moos nach Lust und Laune befühlen und betasten, je nach Jahreszeit vielleicht auch barfuß. (Zur Beschreibung ihrer Eindrücke können die Kinder Wörter wie weich, hart, feucht, nass, trocken, zart, kitzelig usw. benutzen.)

Los geht's

→ **Hüpfschnecke legen:** Mit Rindenstückchen und kleinen Zweigen (je nachdem, was der Waldboden bietet) eine Hüpfschnecke legen und die Hüpfspirale mit Stöckchen in elf Felder einteilen.

→ **Spielregeln:** Das erste Kind steht im Startfeld. Wer fehlerfrei alle zehn Felder normal (mit beiden Beinen hüpfend), mit gekreuzten Beinen, auf einem Bein und zum Schluss mit geschlossenen Augen vor- und zurückhüpft, darf in ein Feld einen Schatz aus dem Wald/ein Fundstück (z. B. einen Zapfen) legen.
Dieses Feld darf nur noch von diesem Kind betreten werden, alle anderen müssen darüber hüpfen. Zwischen den markierten Feldern muss immer mindestens eines frei bleiben.

→ **Das Spiel endet,** wenn fünf Felder besetzt wurden, und gewonnen hat das Kind, das die meisten Kästchen besetzt hat. Es ist der Mooshüpferkönig. Für jüngere Kinder die Spielregeln anpassen, sodass evtl. jeder einmal der Mooshüpferkönig sein kann.

Natur & Draußensein

Dem Eichhörnchen auf der Spur
Eine Wald-Schatzsuche für Eichhörnchen-Experten

→ **Förderschwerpunkt**
- **Naturwissenschaftliche Grunderfahrung mit Waldtieren**
- **Sprache – Sprach- und Aufgabenverständnis**
- **Bewegung und Motorik**

Alter
ab 5 bis 6 Jahren (8 bis 12 Kinder)

Spielsituation
draußen

Materialien
- einen vom Eichhörnchen abgenagten Fichtenzapfen (Zapfenspindel) zum Zeigen
- eine Haselnuss mit Schale (vom Busch oder gekauft)
- geschälte Nüsse (oder bei Allergien etwas anderes) als Belohnung für die Kinder
- Bild vom Eichhörnchen, z. B. auf der Praxiskarte hinten im Ordner
- Kurzzeitwecker

Einstieg

Zeigen Sie den Kindern ein Bild vom Eichhörnchen oder beginnen Sie mit einem Rätsel:

*Es wohnt im Wald,
ist ein kleines Tier,
du siehst es ganz bald,
das glaube mir.*

*Von Baum zu Baum
hüpft es flink und schnell,
manchmal ist's schwarz,
dann rot, dann hell.*

*Ist größer als eine Maus,
kleiner als ein Hase,
es hat Fell und ein Haus,
eine zitternde Nase.*

*Ein Schwanz, ganz buschig
und nützlich dazu,
unter dem schläft es ganz kusch'lig,
deckt beim Schlafen sich zu.*

Nun haben wohl alle Kinder schon das Eichhörnchen erkannt. Was wissen die Kinder über diesen Waldbewohner? Informieren Sie sich und die Kinder im Kasten unten.

Los geht's

→ Bei dieser kleinen Eichhörnchen-Rallye bekommen die Kinder Aufgaben gestellt, die ihr Eichhörnchenwissen prüfen, aber auch visuelle Wahrnehmung und Vorstellungskraft fördern. Für jede erfüllte Aufgabe erhalten die Kinder eine Haselnuss. (An allergische Kinder denken und einen entsprechenden Ersatz bereithalten.)

- Sammelt zum Beweis, dass es hier Eichhörnchen gibt, einen bis auf die „Spindel" abgefressenen Fichtenzapfen.
- Sammelt noch einmal Fichtenzapfen mit Samen.
- Wie heißt das Nest vom Eichhörnchen? *(Kobel)*
- Wo ist das Nest, der Kobel? *(hoch oben im Baum)*
- Was frisst das Eichhörnchen noch? Suche es! *(Eicheln)*
- Hält das Eichhörnchen einen Winterschlaf? *(Nein, nur Winterruhe)*
- Wozu braucht ein Eichhörnchen seinen Schwanz? *(zum Lenken und Balancieren)*

Vom Eichhörnchen abgenagte Zapfen

Das Eichhörnchen

- gehört zur Tierfamilie der Nagetiere.
- frisst Nüsse und Samen aller Art, aber auch Vogeleier und Jungvögel.
- ist in den Bäumen unterwegs und ein guter Kletterer. Dabei helfen ihm seine scharfen Krallen, mit denen es sich in der Baumrinde festhalten kann.
- kann gut vier Meter weit von einem Baum zum anderen springen und verwendet beim Sprung seinen buschigen Schwanz, um das Gleichgewicht zu halten.
- Hoch in den Bäumen versteckt, bauen die Eichhörnchen ihre Nester, die man Kobel nennt.
- Im Herbst sammelt das Eichhörnchen Nüsse und Eicheln und legt davon Vorräte an. Es hält nämlich keinen Winterschlaf, sondern nur eine Winterruhe, d. h. es steht hin und wieder auf, um von seinen Vorräten zu knabbern.
- Um es schön warm zu haben, legt es seinen Kobel mit Moos und anderen Materialien aus und deckt sich mit seinem buschigen Schwanz zu.
- Feinde des Eichhörnchens sind vor allem Greifvögel (z. B. Habicht) und der Baummarder.

Natur & Draußensein

Das Waldschätze-Quiz
Wettspiel mit selbstgefundenen Schätzen aus dem Wald

→ **Förderschwerpunkt**
- Naturwissenschaftliche Grunderfahrungen
- Taktile Sinnesschulung
- Umfangreiches biologisches Wissen
- Logisches Denken – Zuordnen

Alter
ab 5 bis 6 Jahren (gesamte Gruppe)

Spielsituation
draußen

Materialien
- pro Kind eine kleine Stofftasche (Bastelbedarf)
- Kurzzeitwecker

Natur & Draußensein

Einstieg
Die Kinder sammeln pro Kind je ein/e/en:
- Eichel
- Haselnuss
- Stein
- Hagebutte
- Reisig
- Stöckchen
- Wurzel
- Stückchen Rinde
- Zapfen
- Blatt
- Stückchen Moos

Die Kinder füllen ihre Taschen mit den Fundstücken (je Sorte ein Teil). Die Fundstücke können Sie auch der Jahreszeit und Ihrem Wald- oder Gartengelände anpassen und durch anderes Material ersetzen (Kastanien, Federn, …)

Los geht's

→ Die Taschen liegen vor den Kindern auf dem Boden. Die Suchaufgabe wird gestellt, z. B.: „Sucht die Kastanie in eurer Tasche. Auf die Plätze, fertig, los!" Die Kinder schließen die Augen. Der Kurzzeitwecker wird gestartet (etwa zwei Minuten).
  - Wer zuerst die Kastanie zeigt, erhält zwei Punkte.
  - Wer die Aufgabe im Zeitrahmen von zwei Minuten löst, erhält einen Punkt.
  - Wer noch etwas über die Kastanie erzählen möchte, erhält einen weiteren Punkt.

→ Als Zählhilfen können weitere Wildfrüchte eingesetzt werden.

→ Lassen Sie die Kinder nach etwa drei Spielrunden bestimmen, wer die meisten Punkte sammeln konnte und wer der erste Rundensieger ist. Spielen Sie das Spiel so oft, bis jedes Kind die Gelegenheit hatte, einen Gegenstand genauer zu beschreiben.

Varianten für jüngere Kinder
- Weniger Gegenstände – blind ertasten.
- Einen beliebigen Gegenstand blind ertasten und ihn anschließend benennen.
- Für die Kleinsten – Gegenstände offen auf ein Tuch legen, benennen – sehen – tasten – hören (Infos über den Gegenstand sammeln) – z. B. wie sieht der Stock aus, wie fühlt er sich an, wie hört sich das an, wenn der Stock zerbricht? Anschließend erhält ein Kind den Auftrag, den Stock oder die Kastanie statt … zu zeigen.

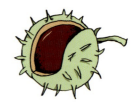

Körper & Bewegung

Vögel „aus dem Wald"
Ein Bewegungsspiel mit Sausevögeln

→ **Förderschwerpunkt**
- **Körperbeherrschung**
- **Grob- und Feinmotorik**
- **Auge-Hand-Koordination**
- **Regelverständnis**
- **Sozialverhalten**

Alter
ab 5 bis 6 Jahren
(4 bis 6 Kinder)

Spielsituation
draußen

Materialien
- pro Kind 1 Fichtenzapfen
- Federn (oder alternativ Laubblätter)
- Klebstoff
- Bast, Schnur oder Wolle
- Schere oder Messer
- schwarzer Fasermaler (wisch- und wasserfest)

Einstieg

Jedes Kind sucht sich einen besonders schönen Fichtenzapfen. Seitlich am Zapfen Federn oder Blätter als Flügel anbringen. An der Zapfenspitze als Schwanz ebenfalls eine am Kiel mit Klebstoff bestrichene Feder als Schwanz einstecken. Einige ca. 30 cm lange Bastfäden zusammenknoten und etwa 1 cm vor den Schwanzfedern am Fichtenzapfen festbinden. Evtl. zusätzlich noch an den einzelnen Bastfäden auf unterschiedlicher Höhe Federn festknoten (siehe Foto).

Eine etwa 0,5 Meter lange Schnur fest um den Vogelkörper wickeln und gut verknoten. Am freien Ende der Schnur eine Schlaufe binden. Am Vogelkopf Augen und Schnabel mit schwarzem Faserschreiber aufmalen.

Los geht's

→ Die Kinder markieren aus Moos, Steinen oder anderem Material am Waldboden einen Kreis, der das Ziel darstellt.
→ Erarbeiten Sie mit den Kindern Ihre Spielregeln, z. B. aus der Wurfbahn gehen und die Reihenfolge festlegen und einhalten usw.
→ Aufgabe der Kinder ist es nun, ihren Sausevogel direkt in den Zielkreis fliegen zu lassen. Dafür dürfen die Kinder ruhig experimentieren, z. B. den Vogel an der Schlaufe über dem Kopf kreisen lassen usw.
→ Um das Ziel zu erreichen, bedarf es einiger Übung. Durch das selbstständige Experimentieren finden die Kinder den richtigen Abwurfmoment und den idealen Abstand zum Ziel selbst heraus.
→ Die Spielrunde hat dasjenige Kind gewonnen, dessen Vogel den Zielkreis erreicht hat oder am nächsten am Kreis gelandet ist.

Schluss

Lassen Sie die Kinder noch einmal die gemachten Spielerfahrungen und die selbstständig mit Ihnen erarbeiteten Spielregeln wiederholen. Die Sausevögel können bis zum nächsten Spieleinsatz zur Raumdekoration dienen.

Waldvögel

Im Wald gibt es eine Vielfalt an gefiederten Bewohnern. Die häufigsten und damit die, die Sie mit den Kindern tagsüber vielleicht einmal antreffen, stellen wir von Groß nach Klein kurz vor:

Eichelhäher
Ein großer Vogel mit rosabraunem Gefieder und auffallenden hellblauen und schwarz-weißen Mustern. Sein schrilles Geschrei warnt andere Waldbewohner vor möglichen Feinden.

Buntspecht
Der schwarz, weiß und rot gemusterte Vogel holt sich Insektenlarven aus der Baumrinde. Er baut seine Bruthöhle in Baumstämme. Das für ihn typische Klopfgeräusch klingt dann durch den Wald und ist in Beständen mit Totholz häufig zu hören.

Blaumeise
Die kleine Meise mit dem blauen Scheitel kennen die Kinder bestimmt schon vom Vogelfutterhäuschen. Im Wald können Sie mit etwas Glück auch die Tannenmeise treffen.

Rotkehlchen
Ein an seiner orange oder rötlich braun gefärbten Kehle sehr leicht und schnell zu erkennender kleinerer Vogel. Rotkehlchen entdecken Sie am ehesten in Bodennähe, wo sie gern auf Nahrungssuche gehen.

Körper & Bewegung

Fichtenzapfen-Hüpfparade!

Ein sportliches Spiel für Muskeln, Geschicklichkeit und Konzentration

→ **Förderschwerpunkt**
- **K**örperbeherrschung – Motorik
- **R**egelverständnis – Logisches Denken
- **S**ozialverhalten – Rücksichtnahme

Alter
   ab 5 bis 6 Jahren (gesamte Gruppe)

Spielsituation
   draußen

Materialien
– pro Kind 1 Fichtenzapfen
– 2 lange, gerade Stöcke für Start und Ziel

Körper & Bewegung

Einstieg

Es gibt viele Menschen, die zu jedem Nadelbaum Tanne oder Tannenbaum sagen. Das stimmt im botanischen Sinn natürlich nicht. Die langen, großen Zapfen, die wir für dieses Spiel verwenden, stammen von der Fichte. Sprechen Sie mit den Kindern über den Baum: Aus großen Fichtenbäumen werden Bretter zum Bauen gesägt und auch Musikinstrumente gebaut. Aus einigen wird auch Papier gemacht. Die Samen, die in den Fichtenzapfen stecken, werden von den Eichhörnchen und Spechten gerne gefressen. Auf diese Weise sind Fichten ziemlich wichtige Waldbäume.

Nun kann man auch mit den Fichtenzapfen prima spielen. Das Spiel heißt: Fichtenzapfen-Hüpfparade! Jeder sucht sich dafür einen schönen, hellen Fichtenzapfen.

Los geht's

→ Teilen Sie die Kinder in Fünfergruppen ein.
→ Eine Start- und eine Ziellinie mit zwei langen Stöcken markieren.
→ Die ersten fünf Kinder stellen sich an den Startstock und klemmen sich ihren Fichtenzapfen zwischen Knie und Oberschenkel.
→ Auf das Startsignal hin hüpfen die Kinder mit ihren Zapfen über den Startstock bis hin zum Zielstock. Auch er muss überhüpft werden.
→ Wer mit den Zapfen zwischen den Beinen das Ziel erreicht hat, hat das Spiel gewonnen.
→ Hat ein Kind seinen Zapfen verloren und kommt ohne Zapfen ins Ziel, darf das Kind es noch einmal probieren und hüpft bei der nächsten Gruppe mit.
→ Wichtig bei diesem Spiel ist es, mitsamt Fichtenzapfen ins Ziel zu hüpfen, was schon recht schwierig ist. Auf Geschwindigkeit kommt es eher nicht an. Gewonnen haben alle die Kinder, die das Ziel mit Fichtenzapfen erreichen.

Variante für jüngere Kinder

Sie nehmen in jede Hand einen Zapfen und hüpfen wie die Hasen mit geschlossenen Beinen und gleichzeitig von Start zum Ziel. Die Entfernung kann auch noch etwas verkürzt werden. Wer beide Zapfen hüpfend ins Ziel bringt, hat gewonnen.

Körper & Bewegung

Kreiselrennen mit Hindernissen

Hindernisparcours im Wald

Selbst gefundene Hindernisse zum Auslegen

→ **Förderschwerpunkt**
- Wahrnehmungsfähigkeit
- Freude an Bewegung
- Motorische Geschicklichkeit
- Sprachverständnis
- Mathematische Grunderfahrung (Kreis)

Alter
ab 3 Jahren (gesamte Gruppe)

Spielsituation
draußen

Materialien
5 verschieden große Gegenstände

Körper & Bewegung

Einstieg

Die Kinder laufen eine große Kreisbahn, evtl. laufen Sie oder die großen Kinder voraus. Nach etwa zwei bis drei Runden haben sich die Kinder aufgewärmt und die fünf Hindernisse werden auf die Kreisbahn gelegt. Mögliche Hindernisse sind: große Steine, Holzstämme, Rucksäcke …

Los geht's

→ Die Aufgabe ist es, die Strecke möglichst schnell zurückzulegen und sich dabei auf fünf verschiedene Arten zu bewegen. Für kleinere Kinder die Aufgaben evtl. einfacher gestalten:

1. Runde: Geht vorwärts den Kreis ab und steigt über die Gegenstände!

2. Runde: Geht rückwärts den Kreis ab und steigt dabei vorsichtig über die Gegenstände!

3. Runde: Hüpft wie Hasen vorwärts im Kreis herum und hüpft dabei auch über die Gegenstände!

4. Runde: Sucht euch einen Hüpf-Partner, haltet euch an der Hand, lauft vorwärts die Runde und hüpft über die Gegenstände!

5. Runde: Einer schließt die Augen und lässt sich von seinem Partner im Kreis herumführen. Wechselt dann die Rollen!

→ Zum Abschluss können sich die Kinder über das Spiel austauschen: Wie hat es ihnen gefallen, konnten sie alle Aufgaben erfüllen? Was war besonders schwierig? Weiß noch jemand eine neue Gangart?

Körper & Bewegung

Der Jäger
Versteck- und Fangspiel mit Altersvarianten

 Förderschwerpunkt
- Motorik und Geschicklichkeit – auf Waldboden laufen und Hindernisse beachten
- Mathematische Übung – Zählen bis 20

Alter
ab 5 bis 6 Jahren (6 bis 12 Kinder)

Spielsituation
draußen

Materialien
ein Platz im Wald mit guten Versteckmöglichkeiten

Körper & Bewegung

Los geht's

→ Ein Kind wird durch Auszählen als Jäger ermittelt. Es lehnt mit geschlossenen Augen am Baum und zählt langsam bis 20.

→ Die anderen Kinder verstecken sich.

→ Die letzten Zahlen werden sehr laut gerufen, um anzukündigen, dass es anfängt zu suchen: „18 – 19 – 20 – ich komme!"

→ Sobald eines der Verstecke aufgestöbert wird, läuft das vom Jäger gefundene Kind los, um das Ziel (den Abzählbaum) vor dem Jäger zu erreichen. Auch die anderen Kinder verlassen ihre Verstecke und laufen zum Ziel-Baum. Der Jäger versucht, eines von ihnen zu erwischen.

→ Wenn ein Kind vor dem Erreichen des Zielbaumes gefangen wird, ist dieses Kind der nächste Jäger. Wenn alle Spieler dem Jäger entwischt sind, behält der Jäger seine Rolle für die nächste Spielrunde und fängt wieder an zu zählen.

Variante für jüngere Kinder

Einfaches Fangen spielen. Alle Kinder sind Hasen und ein Kind ist der Jäger. Wird ein Hase vom Jäger gefangen, wird er zum Jäger. Wer wird der letzte Hase sein, der sich nicht fangen lässt?

Grün gekleidet im Wald?

Was machen eigentlich Förster und Jäger?

Zwischen den beiden Personen gibt es einen sehr großen Unterschied. Der **Förster** hat an einer Hochschule Forstwirtschaft studiert und ist bei den Forstämtern bzw. Landesbetrieben angestellt. In seinem Revier ist er dafür verantwortlich, dass dem Wald kein Schaden zugefügt wird, denn seine Hauptaufgabe ist die Bewirtschaftung des Waldes. Dazu überwacht er den Bestand an Pflanzen und Tieren. Manchmal muss der Förster dann auch auf die Jagd gehen.

Außer dem Förster darf im Wald nur noch der **Jäger** auf die Jagd gehen, allerdings nur unter bestimmten Auflagen. Jäger brauchen einen gültigen Jagdschein, der von der Jagdbehörde ausgestellt wird, und die Erlaubnis in einem bestimmten Waldabschnitt zu jagen. Die Aufgabe der Jäger ist es, zur Pflege und Bewahrung der Tier- und Pflanzenwelt im Wald beizutragen. Manchmal kann es notwendig sein, bestimmte Tiere zu töten, um anderen, beispielsweise davon bedrohten, das Überleben zu ermöglichen.

Körper & Bewegung

Horch mal in den Wald!

Auf dem Erlebnispfad die Stille des Waldes erleben!

→ Förderschwerpunkt
- **Zur Ruhe kommen**
- **Achtsam sein**
- **Genau hinhören**
- **Die Stille des Waldes erfahren**
- **Mut/eigene Stärke erfahren**

Alter
   ab 3 Jahren ohne Augenbinde
   ab 5 bis 6 Jahren mit Augenbinde

Spielsituation
   draußen

Materialien
   – 1 langes Seil (oder mehrere Seile zusammenknoten)
   – Augenbinden

Körper & Bewegung

Einstieg
Abseits vom Waldweg einen Erlebnispfad festlegen und entlang des Pfades auf „Handlaufhöhe der Kinder" das Seil anbringen.

Los geht's
→ Je nach Alter gehen die Kinder mit geöffneten oder verbundenen Augen den Weg ab.

→ Einzige Vorgabe ist es, in die Stille des Waldes zu hören (jeder für sich und möglichst schweigsam, damit die Geräusche des Waldes zu hören sind).

→ Das Seil dient den Kindern zur Sicherheit und als Orientierungshilfe.

→ Durch die Vorgabe durch das Seil, gehen alle Kinder den gleichen Weg und machen ähnliche Erfahrungen.

→ Die Kinder können auch paarweise den Weg gehen und sich über den mit den Füßen ertasteten Weg leise austauschen.

Schluss
Alle Kinder setzen sich im Kreis auf den Waldboden und erzählen von ihren Empfindungen während des Erkundens: was für sie aufregend war, was sie als angenehm bzw. unangenehm empfanden usw. War es für alle ein spannendes und evtl. auch lustiges Erlebnis?

Körper & Bewegung

So schmeckt der Wald!
Brombeer- und Himbeertörtchen selbst gemacht

→ **Förderschwerpunkt**
- **Wissen um Wildbeeren**
- **Giftpflanzen von essbaren Pflanzen unterscheiden**
- **Gefahr durch Fuchsbandwurm (vgl. Seite 28 oben)**
- **Zubereitung von Speisen**

Alter
    ab 5 bis 6 Jahren (4 Kinder)

Spielsituation
    draußen und in der Küche

Materialien
- Brombeeren
- Himbeeren
- Sahne
- Haferflockenplätzchen
- Schokostreusel oder -raspel
- Blätter von Himbeeren
- Spritzbeutel

Körper & Bewegung

Einstieg

Die Brombeere ist die wohl häufigste und bekannteste Wildbeerenart. Untersuchen Sie mit den Kindern eine Brom- oder Himbeere einmal genauer: Die Kinder werden feststellen, dass das, was sie als Beere bezeichnen, eigentlich aus vielen kleinen Abschnitten (den einzelnen Früchtchen) besteht, die miteinander verbunden sind. In jedem dieser Früchtchen befindet sich ein kleiner Stein: der Samen.

Die Blüten, die im Mai und Juni erscheinen, sind wichtiges Futter (Nektar) für die Schmetterlinge und Bienen, die ja im Wald wenige Blumen finden. Die Beeren wachsen an sonnigen Waldrändern oder an Wegen. Je mehr Sonne sie bekommen, desto süßer schmecken die Früchte.

Wegen der Möglichkeit des **Fuchsbandwurmbefalls** ist es ratsam, die Brombeeren und die Himbeeren auf dem Markt oder im Supermarkt zu kaufen. Je nach Jahreszeit können Sie auch auf Tiefkühlware zurückgreifen.

Gut sammelbar und verwendbar sind dagegen Himbeer- und Brombeerblätter. Dazu wählen Sie im Wald die hoch hängenden Blätter (auch hier Fuchsbandwurmgefahr). Wenn die Kinder die Blätter gut (heiß!) abwaschen und trocknen, können sie einen Tee aus den Blättern zubereiten. Er schmeckt lecker und ist sehr gesund.

Sprechen Sie auf jeden Fall auch über die giftigen Beeren, die im Wald wachsen.

Los geht's

→ Ein Kind legt sich ein Plätzchen auf den Teller,
→ spritzt etwas Sahne in die Mitte,
→ sortiert etwa fünf Himbeeren um die Sahne und
→ setzt eine Beere in die Mitte auf die Sahne.
→ Nach Wunsch ein paar Schokoladenstreusel oder Schokoraspeln über das Törtchen streuen und schon ist es verzehrbereit.

Spiel & Experimente

Die Spechtschmiede
Eine knifflige Aufgabe für Vogeldetektive

→ **Förderschwerpunkt**
- Naturwissenschaftliches Wissen
- Visuelle Wahrnehmung
- Freude am Forschen

Alter
　ab 5 bis 6 Jahren (8 bis 12 Kinder)

Spielsituation
　im Wald

Materialien
- 1 Fichtenzapfen mit zerhackter Spitze
- Bild von einem Specht (z. B. Buntspecht)
- evtl. Tüten oder Eimer zum Sammeln

Spiel & Experimente

Einstieg
Zeigen Sie den Kindern einen Fichtenzapfen, der aus der „Spechtschmiede" kam und lassen die Kinder rätseln, wie das wohl passiert ist, dass der Zapfen nun so aussieht.

Los geht's
➔ Die Kinder werden in zwei oder drei Gruppen aufgeteilt und erhalten nun die Aufgabe, in etwa fünf Minuten so viele Zapfen wie möglich, die in der Spechtschmiede waren, zu finden.
➔ Welche Gruppe hat die meisten Zapfen gefunden? (Achtung: Auch ein anderer Vogel (Fichtenkreuzschnabel) und das Eichhörnchen fressen die Samen von den Fichten- oder Kiefernzapfen ab. Vom Eichhörnchen abgenagte Fichtenzapfen bestehen meist nur noch aus einer dünnen Spindel, während die Zapfen aus unserer Spechtschmiede oft nur am freiliegenden Ende abgenagt sind. Für unser Spiel zählen alle Zapfen!)
➔ Lassen Sie die Kinder zum Schluss ihre neuen Erfahrungen und Meinungen zum Spiel zusammenfassen.

Waldvogel Specht

Spechte, wie z. B. der Buntspecht, sind sind Waldvögel, die auf das Klettern an Baumstämmen spezialisiert sind; sie erbeuten wirbellose Tiere, die sie im verrottenden Holz aufspüren. Dabei helfen ihnen der kräftige Schnabel, mit dem sie den Baumstamm abklopfen und die besondere Stellung ihrer Zehen. Zwei Zehen am Fuß zeigen nach vorne und zwei nach hinten, so können sich die Spechte prima am Baumstamm festkrallen. Alle Arten verfügen über einen kurzen, kräftigen Stützschwanz. Am Boden bewegen sie sich hüpfend, in der Luft schnell und wellenförmig. Die meisten Spechte erzeugen im Frühjahr das für sie typische Trommeln. Haben die Kinder schon mal einen Specht gehört oder gesehen?

Spechtschmiede
Was ist nun eine Spechtschmiede? Das ist eine Spalte in einem Baumstamm oder Baumstumpf, in der der Buntspecht frische vom Baum gerissene Zapfen wie in einer Schraubzwinge festkeilt. Das macht er sehr geschickt mit seinem langen, kräftigen Schnabel. Nun meißelt er mit seinem Schnabel die ölhaltigen Samen aus dem Zapfen. Spechte picken gern an Fichtenzapfen, noch lieber aber an Kiefernzapfen.

Jahreszeitentipp
• Zapfen aus der Spechtschmiede können Sie mit etwas Glück fast das ganze Jahr über finden, am besten stehen die Chancen allerdings im Sommer und Frühherbst.

Abgepickter Zapfen

Spiel & Experimente

Mach es wie der Eichelhäher!
Ein Herbst-Experiment zum Entstehen von Wald

→ **Förderschwerpunkt**
- **Erwerb von naturwissenschaftlichem Wissen**
- **Sprache – Vorgangsbeschreibung**
- **Freude am Experimentieren**

Alter
   ab 4 Jahren (6 bis 8 Kinder)

Spielsituation
   draußen

Materialien
- 1 größerer Blumentopf
- kleine Schaufel
- Bild vom Eichelhäher

Spiel & Experimente

Einstieg
Eichelhäher sind oft dafür verantwortlich, dass sich Eichen vermehren. Glauben Sie nicht? Lesen Sie doch mal im Info-Kasten, wie das funktioniert. Die Kinder dürfen dann selbst Eichelhäher spielen und eine Eiche(l) pflanzen.

Los geht's
- Jedes Kind geht wie der Eichelhäher auf die Suche nach einer besonders schönen großen Eichel.
- Gemeinsam wird unter einem Eichenbaum Erde in den mitgebrachten Blumentopf geschaufelt.
- Die Eicheln in den Topf legen und mit Erde bedecken.
- In das ausgegrabene Loch wird der Blumentopf gestellt.
- Vielleicht finden die Kinder noch etwas, um die Stelle zu markieren oder sie stellen eine kleine Fahne aus einem Stöckchen und einem aufgespießten Blatt her.
- Bei jedem weiteren Waldbesuch das Eichel-Experimentierfeld aufsuchen und nachsehen, was passiert ist: Treibt die Eichel im Frühling wirklich aus?

Variation
Genau wie der Eichelhäher ist auch das Eichhörnchen die Ursache für das Entstehen neuer junger Schößlinge (Eichen aus Eicheln, Buchen aus Bucheckern, Haselsträucher aus Haselnüssen usw.). Lassen Sie die Kinder auf den Praxiskärtchen doch einmal die Früchte einiger Bäume anschauen!

Der Eichelhäher

Wer ist das, der mit lautem „Rätsch" durch den Wald fliegt und die anderen Waldbewohner vor Gefahren warnt? Es ist der Eichelhäher, der sich bei Störungen im Laub versteckt. Er lebt in der Nähe von Wäldern mit Eichenbestand. Eichelhäher lieben Eicheln und legen im Herbst im Boden große Wintervorräte davon an. Oft vergessen die Vögel ihre Verstecke jedoch, die Eicheln beginnen zu keimen und eine kleine Eiche beginnt zu wachsen. Auf diese Weise entstehen neue Bäume.

Blatt-Detektive lösen Rätsel

Warum verfärben sich im Herbst die Blätter?

→ **Förderschwerpunkt**
- Biologisches Wissen erwerben
- Wahrnehmen und Beobachten
- Logisches Denken
- Sprache – Wortschatzerweiterung

Alter
ab 5 bis 6 Jahren (8 Kinder)

Spielsituation
im Wald

Materialien
- Lupen
- Blätter

Spiel & Experimente

Los geht's

→ Die Kinder stellen fest und betrachten, wie fest ein noch grünes Blatt am Baum angewachsen ist und wie leicht ein sich ein gefärbtes Blatt löst.
- **Im Frühling / Sommer:** Durch die Lupe kann man sehen, dass das grüne Blatt noch eine offene Verbindung zum Baum (Zweig) hat.
- **Im Herbst:** Das Herbstblatt hat eine feine Schicht gebildet, um sich vom Baum zu trennen, ohne dass der Baum Schaden nehmen kann. Schauen die Kinder die Zweige genau an, können sie schon die neuen Blattknospen für das neue Baumjahr erkennen.

→ Lassen Sie die Kinder ihre Beobachtungen zusammenfassen, indem sie z. B.:
- **Jahreszeitenbilder vom Baum malen:** einmal ein Blatt, das fest angewachsen ist, aber noch eine Öffnung hat und dann das Herbstbild mit dem bunten Blatt, das eine Schicht um die Anwachsstelle am Baum bildet und sich langsam löst
- **Blätter in verschiedenen Jahreszeiten sammeln** und bestimmen, von welchem Baum sie stammen. Dazu können Sie die Praxiskärtchen nutzen.

Warum Laubbäume ihre Blätter verlieren oder: Was ist Fotosynthese?

Die Blätter von Laubbäumen enthalten einen wichtigen Stoff: Das sog. Blattgrün oder Chlorophyll. Das Chlorophyll ermöglicht es dem Baum, mithilfe des Sonnenlichts das aufgenommene Kohlendioxid in energiereiche Stoffe (v. a. Zucker) zu verwandeln. Dieser Zuckersaft fließt in einem Kreislauf durch die ganze Pflanze und versorgt sie mit Nahrung.

Was passiert nun im Herbst?

Das Verfärben:
Im Herbst werden die Tage kürzer und damit das Sonnenlicht weniger. Der Baum stellt seine Fotosyntheseaktivität mehr und mehr ein. So baut der Baum, als Reaktion auf das abnehmende Licht, das Chlorophyll in seinen Blättern nach und nach ab. Andere Pflanzenfarbstoffe sind dann aber noch im Blatt vorhanden. Auf diese Weise sieht das Blatt dann nicht mehr (chlorpyll-)grün, sondern eher (carotinoid-)gelb oder (antocyan-)rot aus.

Das Abfallen:
Das Abfallen der Blätter ist wichtig, denn im Blatt ist so viel Feuchtigkeit, dass es gefrieren und auf diese Weise sterben würde. Darum sorgt der Baum vor, indem er rechtzeitig die Nährstoffe aus seinen Blättern abzieht und Trenngewebe zwischen Blattstielansatz und Zweig ausbildet.

Spiel & Experimente

Tanzende Waldbeeren

Ein Experiment mit Waldbeeren

 Förderschwerpunkt
- **naturwissenschaftliches Wissen durch Experimente erlangen**
- **Wahrnehmung und Beobachtungsfähigkeit**
- **Freude am Experimentieren**
- **Sprache – Begriffserweiterung**

Alter
ab 4 Jahren (8 bis 12 Kinder)

Spielsituation
draußen und in der Küche

Materialien
- Waldbeeren (nach Möglichkeit frisch, ersatzweise tiefgekühlt)
- Mineralwasser mit viel Kohlensäure
- Lupen

Einstieg

Wegen des Fuchsbandwurmes sollten Sie Beeren aus dem Wald generell nicht verzehren. Doch einige ungiftige Beeren, die die Kinder finden, können Sie heiß abwaschen und dann für einen spannenden Versuch einsetzen.

Los geht's

→ Das Glas mit dem sprudelnden Wasser füllen.
→ Die Kinder legen die Beeren ins Wasser.
→ Die Beeren sinken zuerst zum Boden des Glases, beginnen aber sogleich auf und ab zu tanzen und sich zu drehen. Diese Beobachtung lässt die Kinder staunen und wirft die Frage auf: „Warum tanzen die Beeren?"
→ Erklären Sie es den Kindern so:
Unser Sprudelwasser sprudelt, weil ein bestimmtes Gas darin ist: Es heißt Kohlendioxid. Das Gas sammelt sich in einer großen Menge kleiner Bläschen auf den Beeren, bis diese genügend Auftrieb haben und aufsteigen. An der Wasseroberfläche zerplatzen die Gasbläschen, die Beeren sinken hinunter und das Spiel beginnt von Neuem.

Variationen

- Mit einer Lupe können die Kinder das Trudeln der Beeren noch besser beobachten.
- Wenn Sie sich sicher vor Fuchsbandwurm schützen möchten, verwenden Sie gekaufte und abgewaschene Beeren aus dem Handel.

Beeren aus dem Wald:

Im Wald könnten Sie alle möglichen Sorten von Beeren finden, z. B. je nach Jahreszeit Walderdbeeren, Waldhimbeeren, Brombeeren, Holunderbeeren, Wacholderbeeren, Preiselbeeren und Blaubeeren, aber auch Hagebutten, Schlehen und Vogelbeeren. Unter anderem wegen der Fuchsbandwurmgefahr sollten Sie keine Beeren aus dem Wald verzehren. Die Eier des Fuchsbandwurms könnten sich möglicherweise auf vor allem bodennah wachsenden Beeren befinden und bei Verzehr Echinokokkose auslösen. Darum nach dem Besuch im Wald (und auch nach unserem Versuch oben) immer die Hände waschen.

Spiel & Experimente

Was nicht in den Wald gehört ...
Eine Mini-Schatzsuche für clevere Waldkids

→ **Förderschwerpunkt**
- Wahrnehmungsfähigkeit
- Logisches vernetztes Denken
- Freude an genauer Beobachtung und Wahrnehmung
- Sprache – Gegenstände benennen und der richtigen Umgebung zuordnen

Alter
ab bis 4 Jahren (gesamte Gruppe, bis 25 Kinder)

Spielsituation
draußen

Materialien
- unterschiedliches Naturmaterial, etwa 10 bis 12 Teile
- 1 Tüte Gummitier-Pilze (z. B. von Katjes, rosa-weiße Pilze, ersatzweise eine andere passende Belohnung)
- Schnur
- Schere

Spiel & Experimente

Einstieg
Bestimmt haben Sie im Wald einen festen Platz, von dem alle Aktionen ausgehen. Ihre Kollegin bleibt mit dem größten Teil der Kinder hier zurück, Sie nehmen einen kleinen Teil der Kinder mit und suchen Plätze für Dinge, die nicht in dem Wald liegen, wachsen und leben …

Los geht's

→ Suchen Sie Plätze für z. B.:
- 1 große Muschel
- Schneckenhäuser von Wasserschnecken
- 1 großes Schneckenhaus (Meeresschnecke)
- 1 Naturschwamm
- 1 Apfel
- 1 Kürbis

→ Die Teile links und rechts am Wegrand platzieren, auf Baumstämme, ins Moos legen oder an einem Baum / Strauch mithilfe der Schnur aufhängen.

→ Am Ende des Weges heimlich die Gummitier-Pilze so verstecken, dass die Kinder sie gut finden können.

→ Nun darf die restliche Gruppe folgen und versuchen, alle versteckten Teile zu finden.

→ Gemeinsam am Schluss vergleichen und zählen, ob alle Teile gefunden sind. Kennen die Kinder die Dinge und wissen sie, woher sie sind? Fehlt noch etwas, suchen alle Kinder gemeinsam die noch fehlenden Schätze, die kleinere Gruppe darf dabei mit Tipps helfen.

Variante für andere Sinne:
Verstecken Sie ein Klangspiel oder eine Spieluhr im Wald.

Spiel & Experimente

So stark sind Hagebutten!

Ein Experiment im Herbst und Winter

→ **Förderschwerpunkt**
- **Botanisches Wissen erwerben**
- **Sprache** (Vorgang beschreiben)
- **Freude am Experimentieren**

Alter
  ab 5 Jahren (4 bis 8 Kinder)

Spielsituation
  draußen und in der Küche

Materialien
  – Hagebutten
  – Brettchen
  – Messer
  – Fensterbank oder Ofen zum Trocknen
  – Teebeutel von Hagebuttentee
  – heißes Wasser (Herd und Kochtopf)
  – Tassen

Spiel & Experimente

Einstieg

Betrachten Sie mit den Kinder das Hagebuttenfoto: Wissen die Kinder, wie diese Pflanze heißt? (Hundsrose, Hagebutte, Kartoffelrose, …) Wissen die Kinder vielleicht auch, wo sie die roten Früchtchen finden können? (Im Herbst und auch noch bis weit in den Winter hinein können Sie Hagebutten fast an jedem Waldrand finden. Erster Frost schadet den Hagebutten nicht.)

Los geht's

→ Sammeln Sie mit den Kindern ein paar Hagebuttenfrüchte.
→ Die Hagebutten gründlich (heiß) waschen, vom Blütenstand befreien und die Früchte in Hälften schneiden. Die Kerne mit dünnen Küchenhandschuhen und einem Löffel herauskratzen, das Fruchtfleisch auf der Fensterbank zum Trocknen auslegen. Dort benötigen sie dazu einige Tage – im Ofen bei 50° C nur einige Stunden.
→ Wenn die getrockneten Früchte dann in heißem Wasser gekocht oder damit übergossen werden, bekommen die Kinder einen superfrischen selbst gemachten Hagebuttentee. Die Kinder können beobachten, wie sich das Wasser knallrot färbt. Grund dafür sind Pflanzenfarbstoffe in der Hagebutte.
→ Tipp für Eilige: zu Teebeuteln wechseln.

Wildrosen mit Hagebutten

Die roten Hagebuttenfrüchtchen kommen von verschiedenen Wildrosen-Arten, die genießbaren z. B. von Heckenrose, Hundsrose, Kartoffelrose und Apfelrose. Diese stellen wir mit Blüten und Früchten kurz vor:

Die **Heckenrose** blüht meist weiß, die Hagebutten der Heckenrose sind elliptisch und leuchtend rot

Die **Kartoffelrose** blüht weiß bis rosa. Ihre Hagebutten sind dick, groß und etwas flachgedrückt, dazu knallorange.

Die **Hundsrose** ist nah verwandt mit der Heckenrose und fast nicht von ihr zu unterscheiden. Ihre Hagebutten sind oval und werden dunkelrot

Die **Apfelrose** blüht rosa bis pink. Ihre Hagebutten sind kugelig-eiförmig und knallrot.

Wie Bäume trinken
Ein Experiment zum Flüssigkeitstransport im Baum

→ **Förderschwerpunkt**
- Botanisches Wissen erwerben
- Sprache – Vorgangsbeschreibung
- Freude am Experimentieren

Alter
ab 5 bis 6 Jahren (6 bis 8 Kinder)

Spielsituation
am Tisch

Materialien
- 1 Birkenzweig
- 1 Stricknadel
- 1 Plastikhalm
- 1 Wasserglas

Spiel & Experimente

Einstieg

Zeigen Sie den Kindern das Praxiskärtchen mit der Birke: Wissen die Kinder, wie dieser Baum heißt? Erinnern sie sich, wo ein solcher Baum steht?

Führen Sie dieses Experiment am besten im Frühling durch, dann ist der Effekt am besten zu erkennen. Schneiden sie von einem frischen Birkenzweig Knospen ab. Ein durchsichtiger Saft tritt nun an den Schnittstellen aus. Die Kinder dürfen den Saft mit den Fingern berühren. Woher kommt dieser Saft?

Erklärung: Im Frühling wird besonders viel Wasser von den Wurzeln zu den Knospen emporgeleitet. Darum tritt nun vermehrt „Birkensaft" an Schnittstellen aus. Aber warum kann Wasser von unten nach oben wandern? Antwort: Der Transport geschieht unter anderem durch Druck aus den Wurzeln. Mehr dazu im Kasten! Anschaubar wird dies beim folgenden, kleinen Versuch:

Los geht's

→ Die Stricknadel durch den Plastikhalm führen und U-förmig zubiegen. Dieses U über den Rand eines mit Wasser gefüllten Glases hängen: Das Wasser verschwindet aus dem Glas!

Warum Wasser im Baum herumwandern kann:

Im Baum wandert Wasser sowohl von den Blättern und Knospen nach unten, als auch von der Wurzel nach oben. Die Wurzeln filtern mit ihren feinen Härchen Wasser, in dem Nährstoffe gelöst sind, aus dem Boden. Um die Nährstoffe und die Flüssigkeit im Baum zu verteilen, hat sich die Natur einen Trick überlegt: Bäume verfügen über schlauchartige Adern, in denen das Wasser transportiert werden kann. Damit dies aber erst möglich wird, entsteht im Baum ein Druck, der das Wasser sozusagen durch die Gefäße hochdrückt.

Musik & Kreatives

Mein Pilz fürs Kinderzimmer
Ein ganz persönlicher Wunschpilz aus Waldmaterial

→ **Förderschwerpunkt**
- **Auditive Wahrnehmung**
- **Naturwissenschaftliches Grundwissen (Biologie – Pilze)**
- **Kreativität**
- **Handgeschicklichkeit – Feinmotorik**

Alter
   ab 5 bis 6 Jahren

Spielsituation
   draußen oder im Gruppenraum

Materialien
- 1 Pilz (natürlicher oder Deko-Pilz, bringt die Erzieherin mit)
- Pappe (z. B. grau, nicht zu fest)
- Stift
- Schere
- Klebstoff
- Rinde
- Papierband in Beige oder Hellbraun (evtl. auch trockene Blätter)
- Moos und trockene Gräser …
- Schnur

Musik & Kreatives

Einstieg
Sprechen Sie mit den Kindern über Pilze und zeigen ihnen ihren Pilz. Klären Sie, wo und wann Pilze wachsen und betonen Sie, dass es auch giftige Pilze gibt. Erarbeiten Sie die Teile eines Pilzes, Hut und Stiel, lassen Sie Form und Farbe beschreiben.

Los geht's
→ Jedes Kind malt einen Pilz auf einen Bogen Pappe (etwa 30 cm groß) und schneidet seinen Pilz aus. Den Stiel und ein Stück des Hutes auf einer Seite mit dem Papierband bekleben.
→ Im Wald Rindenstücke sammeln und als Hut aufkleben. Den Fuß mit Moos und trockenen Gräsern ausschmücken. Achtung, Moose können Allergien auslösen oder giftig sein! Im Moos und auf Gräsern am Waldboden halten sich Zecken auf.
→ Eine Schnur zum Aufhängen anbringen. Nun können die Pilze eine große Wand in der Kindertagesstätte schmücken oder ein Stück Wald ins Kinderzimmer zuhause bringen.
→ Können die Kinder die Aktion noch einmal nacherzählen?

Häufige Waldpilze

Im Wald finden Sie im Sommer und Herbst bestimmt mindestens einen dieser häufigen Pilze. (Achtung: Wir stellen hier auch ungenießbare Pilze vor. Selbstgefundene Pilze grundsätzlich nie ohne vorherige Expertenmeinung verzehren!)

Hallimasch
Einer der häufigsten Waldpilze ist der Hallimasch, der je nach Art blassgelb, goldgelb bis dunkelbraun aussehen kann. Meist wachsen viele kleine Pilzchen in einer Art Büschel an Baumwurzeln, -stämmen oder -stümpfen. Achtung, roh verzehrt ist dieser Pilz manchmal schwach giftig!

Zunderschwamm
Vor allem an toten oder kranken Baumstämmen von Buchen oder Birken, manchmal aber auch an gesunden Bäumen findet sich dieser Pilz. Früher benutzte man ihn tatsächlich, um Feuer zu entfachen. Daher sein Name. Ein Verwandter ist der sehr ähnlich aussehende Feuerschwamm.

Diesen Pilzen sehr ähnlich sieht der Lackporling, der ebenfalls an Baumstämmen wächst.

Maronenröhrling

Einer der bekanntesten und häufigsten essbaren Waldpilze. Erkennbar gegenüber ähnlichen Pilzen ist er, weil er sich auf Fingerdruck an den Lamellen und am oberen Stielabschnitt bläulich verfärbt. Nach Kontakt vorsichtshalber aber gut die Hände waschen.

Musik & Kreatives

Zarte Mooswaldfeen

Waldbewohner aus Fundstücken

→ **Förderschwerpunkt**
- **Kreativität**
- **Handgeschicklichkeit – Montieren**
- **Auditive Wahrnehmung**
- **Freude am Umgang mit Naturmaterial**

Alter
  ab 4 Jahren

Spielsituation
  draußen

Materialien
– Bastelspieß (oder dünner Stock)
– Walnuss oder andere runde Frucht
– Moos
– Blätter
– Federn
– Draht oder Klebstoff

Einstieg

Zeigen Sie den Kindern den Bastelspieß und die Walnuss. Halten Sie die Nuss probeweise als Kopf an den Spieß und erzählen Sie den Kindern, dass es eine Fee werden soll, die noch ein Kleid und Feenflügel benötigt.

Los geht's

→ Die Erzieherin bringt die Nuss mit Klebstoff und/oder Draht oder durch Einstecken am Bastelspieß für die Kinder an.
→ Die Kinder suchen sich Feenkleider und -flügel: ein schönes, buntes Blatt, etwas Moos, das man zurechzupfen kann, Zapfen usw.
→ Den Bastelspieß mit Klebstoff bestreichen und Kleider und Flügel daran festkleben und feststecken, z. B. zwei getrocknete Blätter oder zwei Federn mit zusätzlichem Klebstoff am Stiel in einen Mooskörper stecken oder von hinten am Körper festkleben. Die Kinder dürfen selbst überlegen, experimentieren und konstruieren.

Einsatzmöglichkeiten

- Jedes Kind darf seine Fee mit einem selbst ausgedachten Namen vorstellen. Vielleicht handelt es sich auch gar nicht um eine Fee, sondern um einen anderen Waldbewohner.
- Wer möchte, darf sich eine Geschichte zu seiner Figur ausdenken und sie den anderen erzählen.

Moos

Das, was wir meist einfach als grünes Bodenpolster wahrnehmen, ist eine der artenreichsten (ca. 16.000 geschätzte Arten) Spezies auf unserem Planeten. Moose sind für das ökologische Gleichgewicht im Wald aus vielen Gründen von besonderer Bedeutung. Beispielsweise regulieren sie die Bodenfeuchtigkeit, bieten Blütenpflanzen ein Keimbett und Kleintieren eine Heimat.

Musik & Kreatives

Gut gemerkt ist halb gewonnen
Ein Malspiel für gute Beobachter

→ **Förderschwerpunkt**
- **Auditive Wahrnehmung**
- **Kreativität**
- **Naturwissenschaftliches Wissen (Waldtiere)**
- **Sprache – Benennen und Beschreiben**

Alter
   ab 5 bis 6 Jahren (6 Kinder)

Spielsituation
   am Tisch

Materialien
— pro Kind 6 Malblätter (DIN A 5)
— viele bunte Farbstifte
— unsere Praxiskärtchen von Waldtieren oder Naturführer oder Kindersachbuch zum Thema Waldtiere
— Kurzzeitwecker
— 7 kleine Zettel als Lose
— Fotoapparat und digitaler Bilderrahmen oder Fotos

Musik & Kreatives

Einstieg

Schauen Sie mit den Kindern gemeinsam Waldtiere an. Nutzen Sie dafür Sachbücher oder einfach unsere Praxiskärtchen hinten im Ordner. Besprechen Sie die Lieblingstiere der Kinder kurz gemeinsam, z. B. nach folgenden Kriterien:

- Hat das Tier Fell, Federn, einen Panzer oder eine Haut?
- Wie viele Beine hat das Tier?
- Wie sieht das Gesicht/der Kopf des Tieres aus?
- Hat das Tier einen Schwanz?
- Welche Farbe hat das Tier?

Jedes Kind sucht sich ein Tier aus, das es auf sein Malblatt malt. Nach fünf bis zehn Minuten „Malzeit" alle Blätter gemeinsam besprechen und die Kriterien abhandeln: Sind alle Beine richtig aufgemalt? Stimmt die Farbe? Usw.

Los geht's

→ Auf jeden der sieben Loszettel ein Tier, das im Wald lebt, schreiben. (Gemeinsam bestimmen, welche Tiere aufgeschrieben werden.) Die Zettel falten und in ein Loskörbchen legen.

→ Nun dürfen die Kinder reihum ein Los ziehen. Die Erzieherin liest vor, welches Tier auf dem Zettel steht. Jedes Kind darf nun sein Tier (wieder nach den oben genannten Kriterien) beschreiben:

- Hat das Tier Fell, Federn, einen Panzer oder eine Haut?
- Wie viele Beine hat das Tier?
- Wie sieht das Gesicht/der Kopf des Tieres aus?
- Hat das Tier einen Schwanz?
- Welche Farbe hat das Tier?

→ Zum Schluss können die Kinder ihre Bilder noch vervollständigen, indem sie die Tiernamen mit Hilfe der Erzieherin darunter schreiben.

Weiterverwendung

Die Kunstwerke werden mit den Künstlern fotografiert und Fotos und Bilder so aufgehängt, dass sie von den Eltern angeschaut werden und einen Gesprächsanlass bieten können.

Musik & Kreatives

Bunte Erdkugeln
Modellieren mit Waldboden

→ **Förderschwerpunkt**
- **Auditive Wahrnehmung**
- **Naturwissenschaftliches Grundwissen** (unterschiedliche Bodenbeschaffenheit)
- **Kreativität**
- **Modellieren – Feinmotorik**

Alter
   ab 3 Jahren

Spielsituation
   am Waldbach (fette, lehmige Erde – Tonerde)

Materialien
  - unterschiedliche Erdsorten
  - evtl. kleine Schaufeln und Haken
  - evtl. Feuchttücher
  - Tüte für Abfall

Musik & Kreatives

Einstieg

Geben Sie einen kleinen Leinen- oder Baumwollbeutel mit Erde dem Kind, das neben Ihnen im Sitzkreis sitzt, und lassen es fühlen, was dort drinnen sein könnte. Nachdem alle Kinder einmal fühlen durften, dürfen sie raten, um welches geheimnisvolle Pulver es sich handelt. Anschließend darf jeder einmal an dem Beutel riechen.
Lassen Sie die Kinder über ihre Erfahrungen mit Erde sprechen: Wer hat schon mal aus Erde eine Kugel gedreht? Haben die Kinder schon Erfahrungen mit Ton gemacht?

Los geht's

→ Suchen Sie mit den Kindern eine Stelle im Wald am Bach auf, wo es fette, tonhaltige Erde gibt. Diese Art der Erde lässt sich leichter formen als sandige (magere) Erde.
→ Die Kinder haben nun die Aufgabe, so viele, unterschiedliche Erdfarben wie möglich zu finden.
→ Jedes Kind darf sich in möglichst nur einer Farbe eine Erdkugel modellieren.
→ Anschließend zwei Sorten Erde mischen, sodass eine marmorierte Masse entsteht und ebenfalls zur Kugel formen.
→ Ein großer Stein oder eine Moosfläche dient als Unterlage für die neu geschaffenen Kunstwerke. Die Kinder arrangieren die Kugeln nach ihren eigenen Ideen und Möglichkeiten auf der Unterlage.
→ Ein Erinnerungsfoto mit Künstlern und Kunstwerk hält die Aktion fest.

Bodenarten und Waldpolizei

Ganz allgemein unterscheidet man drei häufige Bodenarten in Mitteleuropa (und zusätzlich Mischformen daraus): **Sandboden**, **Tonboden**, **Lehmboden**. Sie werden überrascht sein, wie viele unterschiedlich gefärbte Erden sie im Waldboden finden. Der Waldboden ist für das biologische Gleichgewicht im Wald von zentraler Wichtigkeit. In einer Hand voll Waldboden leben mehr Mikroorganismen als Menschen auf der Welt.

In der obersten Erde-Schicht im Wald wohnt die sog. **Waldpolizei**: Ein riesiges Heer an kleinen Tierchen, von denen man manche mit dem bloßen Auge kaum sehen kann. **Milben, Bakterien, Algen, Ameisen, Spinnentierchen** (z. B. Asseln), aber auch **Regenwürmer, Hundert- und Tausendfüßer** verwerten alles, was an pflanzlichen und tierischen Überresten auf den Waldboden fällt, vom welken Blatt bis zu toten Tieren. Diese Waldpolizei bereitet den Waldboden immer wieder neu auf, damit Bäume und Pflanzen darin wurzeln und wachsen können und der Boden nicht vom Abfall des Waldes erstickt wird.

Musik aus dem Wald

Ein Zupfinstrument mit Schätzen aus dem Wald

→ **Förderschwerpunkt**
- **Auditive und akustische Wahrnehmung**
- **Sprachförderung**
- **Kreativität**

Alter
  ab 4 Jahren

Spielsituation
  draußen

Materialien
  – ein gebogenes Stück Holz pro Kind (Wurzelholz oder biegsamer Stock, z. B. Haselnussholz)
  – Gummiringe
  – Schneckenhäuser oder kleine Steine
  – Klebstoff und Klebeband
  – Schere
  – evtl. Prickelnadel
  – evtl. Säge und Gartenschere

Musik & Kreatives

Einstieg

Als Einstieg dürfen die Kinder mit Gummiringen experimentieren. Durch Spannen zwischen zwei Fingern und Anzupfen können sie dem Gummiring einen Ton entlocken. Wie könnte man das für ein selbst gebautes Instrument nutzen?

Los geht's

→ Im Wald dürfen die Kinder selbst auf die Suche nach einem geeigneten Stück Holz gehen: Es sollte gebogen sein, damit sich später Gummiringe befestigen lassen. (Wurzelreste sind gut geeignet.) Sollte die Suche erfolglos sein, einen Haselnuss-Stock biegen.

→ Etwa fünf bis sechs Gummiringe aufspannen (und den Haselstock so als Bogen fixieren).

→ Die Kinder prüfen, ob die Gummiringe sicher und fest sitzen oder ob sie evtl. mit Klebeband noch befestigt werden müssen.

→ Zum Dekorieren suchen sich die Kinder unbewohnte (!) Schneckenhäuschen, Steinchen, Eicheln, Stöckchen, Federn usw.

→ Die Dekoteile mit Klebstoff oder Schnur am Holz befestigen.

Einsatzmöglichkeiten

- Jedes Kind stellt sein Instrument mit ein paar Zupfklängen vor und zeigt es den anderen Kindern. Wer kann noch sagen, was er alles gemacht hat, bis das Instrument fertig zum Spielen war und so aussah, wie es nun ist?

- Versuchen Sie gemeinsam mit den Kindern ein einfaches Lied zu begleiten – z. B. nur das „Summ, summ, summ" im Lied „Summ, summ, summ, Bienchen summ herum."

Musik & Kreatives

Schnecken-Rasseln
Schnelles Musikinstrument aus dem Wald

→ **Förderschwerpunkt**
- **Musik** – Rasselinstrument bauen
- **Feinmotorik**
- **Sprache** – Verlaufsbeschreibung

Alter
ab 5 Jahren

Spielsituation
draußen

Materialien
- Astgabeln
- Säge
- Draht
- Zange
- Schneckenhäuser (evtl. aus dem Kindertagesstätten-Fundus oder von zu Hause)
- 2 Steine
- 2 Tannenzapfen
- Prickelnadel
- Bänder und Federn zur Dekoration

Musik & Kreatives

Einstieg

Zum Einstieg eignet sich ein kleines Hinhör-Spiel. Versammeln Sie die Kinder dazu im Sitzkreis im Wald. Die Kinder dürfen die Augen schließen und ganz genau lauschen. Klopfen Sie vorsichtig mit zwei Schneckenhäuschen aneinander. Raten die Kinder, was da geklopft hat? Das nächste Kind darf den anderen das nächste Rätsel stellen und z. B. mit zwei Steinen aneinander klopfen. Weitergehen kann es mit Stöckchen, Zapfen und weiterem Material je nach Jahreszeit und Vorrat.

Los geht's

→ Jedes Kind darf sich am Boden einen gegabelten Zweig suchen, der stabil genug ist, um als Rassel zu taugen. Um das eine Ende der Gabel ein Stück Draht biegen und verdrehen, sodass es fixiert ist. An das überstehende Ende die Geräuschemacher montieren.

→ Dazu in die Schneckenhäuser mit der Prickelnadel Löcher bohren (eine Unterlage verwenden, damit die Häuschen nicht zerbrechen). Auf diese Weise auf den Draht zwei Häuschen auffädeln (nicht zu eng, damit sie sich noch bewegen bzw. hin- und herschieben lassen). Das andere Ende um die andere Gabel schlingen und gut verdrehen, damit kein Ende absteht (Verletzungsgefahr).

→ Wer möchte, kann die Astgabel noch mit Bändern und Federn verzieren.

→ Jeder führt sein Instrument vor, gibt ihm vielleicht sogar einen Namen, z. B. Schneckenklapper, und beschreibt die einzelnen Schritte der Fertigung.

Tipp

Die Schneckenrasseln können die Kinder bei der Klanggeschichte auf Seite 55 einsetzen.

Musik & Kreatives

Die Königin der Blätter
Eine Klanggeschichte zum herbstlichen Blätterflug im Wald

→ **Förderschwerpunkt**
- Musikalische Förderung
- Sprachförderung
- Handgeschicklichkeit / Instrument spielen
- Konzentration

Alter
  ab 5 bis 6 Jahren (6 Kinder)

Spielsituation
  draußen oder im Gruppenraum

Materialien
  – Triangel
  – Schneckenhausrassel (s. Seite 53f)
  – Kastagnetten
  – Zimbeln
  – Rassel
  – Röhrentrommel

Musik & Kreatives

Einstieg
Auch der Wald unterliegt dem Wandel der Jahreszeiten. Können die Kinder ungefähr bestimmen, was wann geschieht und wie der Wald sich dabei auch äußerlich verändert?

Los geht's
→ Zuerst die Instrumente gemeinsam anschauen, ausprobieren und dann verteilen. Die Kinder dürfen die Verteilung selbst bestimmen und mit überlegen, für welchen Vorgang in der Geschichte welches Instrument am besten geeignet ist. Dafür lesen Sie die Geschichte zuerst ohne Instrumenteeinsatz vor.

→ Treffen Sie mit den Kindern eine Abmachung: Wenn Sie einem Kind zunicken, ist sein „Einsatz" gekommen.

Erzähltext
In einem großen Wald wohnte einmal eine Blätterkönigin.
  Rhythmische Begleitung: Triangel
Eines Tages machte sich die Königin auf die Reise zu ihrem Freund, dem Blattkönig.
  Rhythmische Begleitung: Schneckenhausrassel
Er wohnte auf einer hohen Eiche, seinem Schloss. Am Fuß des Schlosses hielt der Fuchs Wache, der seine Höhle an der Wurzel der großen Eiche hatte.
  Rhythmische Begleitung: Kastagnetten
Die Blattkönigin fürchtete sich ein wenig vor dem Fuchs. Doch sie hatte Glück, denn der Eichenblattkönig lag gerade unten im Moos vor dem Eingang zum Fuchsbau.
  Rhythmische Begleitung: Zimbeln
„Hallo, Eichenblattkönigin! Hast du Lust mit mir zu tanzen?", fragte der König.
  Rhythmische Begleitung: Schneckenhausrassel
„Ja, sehr gerne", antwortete die Königin. „Aber wir müssen noch etwas warten, bis unser Freund, der Wirbelwind, vorbeiweht." Da kam plötzlich ein ganz leichter Windstoß angefegt.
  Rhythmische Begleitung: Rassel
Immer, immer stärker wurde der Wind, bis endlich der große Wirbelsturm kam.
  Rhythmische Begleitung: Rassel stärker bewegen
Die Blätterkönigin und der Eichenblattkönig ließen sich im Wind treiben. Mal schwebten sie leicht und ganz dicht über dem Boden, dann wirbelte es sie wieder wild hoch hinauf in die Luft. Der gemeinsame Windtanz machte ihnen viel Spaß. Und wenn der Wind weht, dann tanzen sie noch heute.
  Rhythmische Begleitung: Rührtrommel

Varianten
- Bestimmt finden die Kinder noch andere Dinge, die mit der Blätterkönigin und dem Eichenblattkönig im Wind tanzen, z. B. eine Feder usw. Bauen Sie sie in die Geschichte ein!
- Körpereinsatz erlaubt: Die Kinder dürfen nach der Geschichte auch selbst als Eichenkönigin und -könig tanzen.

PiKo • Waldkinder • 56

Musik & Kreatives

Der Waldsong
Ein Song über Waldbäume

→ **Förderschwerpunkt**
- Wissenserweiterung (Bäume)
- Musik- und Bewegungserziehung

Alter
ab 5 Jahren

Spielsituation
im Sitzkreis und draußen

Musik & Kreatives

Der Waldsong

Text und Melodie © Temple Studio, Freiburg im Breisgau

Refrain
Rotkehlchen fliegen
von einem Baum zum andern.
Eichhörnchen lieben es,
in ihrem Wald zu wandern.
Alle Bäume wiegen sich im Winde.
Alle Bäume wiegen sich im Winde.

1. Strophe
Die Tanne und die Fichte, Douglasie und Lärche, die Pappel und die Linde,
die breiten ihre Wurzeln und Blätter aus.

2. Strophe
Die Weide und die Birke, Kastanie und Erle, die Ulme und die Buche,
die breiten ihre Wurzeln und Blätter aus.

Los geht's

Tipps zur Umsetzung

- **Als Wettspiel:** Aus dem Song können Sie auch sehr gut ein Sing-Wettspiel zaubern. Die Kinder dürfen dafür vorab Blätter, Zapfen und Rindenstückchen verschiedener Bäume sammeln. Auch möglich: Die Baumkärtchen (hinten im Ordner zum Heraustrennen) auslegen. Beim Singen eines Baumes können die Kinder dann ein passendes Teil oder die passende Karte hochhalten.
- **Ein großes Baumposter passend zum Song malen:** Dazu z.B. die Baumgestalt auf einen großen Bogen Tonkarton malen und mit echten Blättern, Rindenstückchen und Früchten / Zapfen bekleben.
- **Als Singspiel:** Jedes Kind darf sich seinen Lieblingsbaum aussuchen. Beim Genanntwerden im Song steht dann z.B. die Birke auf, dann die Kastanie usw. Bei der Zeile „die breiten ihre Wurzeln und Blätter aus" können dann alle Kinder/Bäume dies tänzerisch oder pantomimisch darstellen.

Musik & Kreatives

Komm mit in den Wald!
Tierisch guter Song über Tiere im Wald

→ **Förderschwerpunkt**
  • Musik- und Bewegungserziehung

Alter
  ab 5 Jahren

Spielsituation
  im Sitzkreis, draußen

Musik & Kreatives

Komm mit in den Wald!

Text und Melodie © Temple Studio, Freiburg im Breisgau

Los geht's

Refrain

*Komm mit in den Wald,
lass uns all die Tiere sehn.
Komm mit in den Wald,
lass uns gleich losgehn.*

1. Strophe

Wildschwein, Biber, Wolf und Bär,
die sind manchmal ganz verdreckt.
Maus und Fuchs und Eichelhäher,
die sind hier im Wald versteckt.

2. Strophe

Uhu, Dachs und Fledermaus
kennen sich hier bestens aus.
Specht, Fasan und auch die Laus,
die sind hier im Wald zu Haus.

Abschluss

All die schönen Lebewesen
kannst du hier hautnah erleben.
Komm mit in den Wald,
lass uns gleich losgehn.

Atemspiele mit Waldblättern

Pusten wie der Wind im Wald

→ **Förderschwerpunkt**
- Sprache (Mundmotorik)
- Mathematische Grunderfahrung
- Konzentration und Ausdauer
- Geschicklichkeit (Auge-Hand-Koordination)

Alter
   ab 3 Jahren (2 bis 6 Kinder)

Spielsituation
   am Tisch

Materialien
- etwa 20 saubere Laubblätter
- farbiges Klebeband
- Schere
- pro Kind 1 Trinkhalm
- Stoppuhr
- Trommel

Einstieg

Teilen Sie den Kindern mit, dass für den heutigen Tag und das folgende Spiel schöne, saubere Laubblätter benötigt werden. Gehen Sie in den Garten oder machen einen kleinen Waldspaziergang, um die Blätter zu sammeln. Etwa 20 bis 30 Blätter werden benötigt.

Los geht's

→ Die Kinder sitzen sich am rechteckigen Tisch gegenüber – auf jeder langen Seite bis zu drei Kinder.

→ Mit dem farbigen Klebeband wird der Tisch in zwei gleichgroße Spielfelder geteilt (Mittellinie).

→ Auf jede Seite zehn bis 15 Blätter legen.

→ Die Aufgabe der Kinder ist es, mit dem Trinkhalm die Blätter auf das andere (gegenüberliegende) Spielfeld zu pusten!

→ Jede Gruppe ist bestrebt, kein Blatt auf ihrem Spielfeld zu haben.

→ Mit einem Schlag auf die Trommel wird das Spiel gestartet.

→ Am Spielende (erneutes Trommelsignal) die Blätter, die auf dem Mittelstrich liegen, aus dem Spiel nehmen. Jede Seite zählt, wie viele Blätter auf ihrer Seite liegen. Die Gruppe mit den wenigsten Blättern auf ihrer Seite hat gewonnen.

Variante für ältere Kinder (5 bis 6 Jahre)

- Die Blättermenge ist größer.
- Es werden mindestens drei Runden mit Stoppuhr oder Kurzzeitmesser gespielt.
- Nach der dritten Runde wird die Gewinnergruppe ermittelt.
- Es kann auch als Wettspiel mit nur zwei Kindern mit den gleichen Regeln gespielt werden.

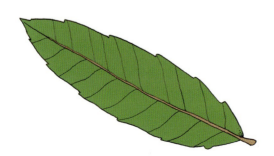

Sprache & Medien

Darf ich vorstellen: Stefan Stock!
Sprachspiele mit einem selbst kreierten Waldwichtel

Materialien
- Wackelaugen
- rote Holzperlen
- 4 bis 5 schwarze oder rote Faserschreiber
- Klebstoff
- Schere und Gartenschere
- Stöckchen oder kleine Äste
- Blatt
- evtl. Feder
- Moos
- Blätter
- Zapfen
- Gräser

→ Förderschwerpunkt
- **Sprachfähigkeit und Sprachfertigkeit**
- **Handgeschicklichkeit – Montieren – Motorik**
- **Auditive Wahrnehmung**

Alter
ab 4 Jahren (8 bis 10 Kinder)

Spielsituation
im Wald und im Gruppenraum

Einstieg

Sie haben einen Stockwichtel vorbereitet, den Sie den Kindern vorstellen. Er heißt Stefan Stock. Erzählen Sie z. B., dass er vor vielen Jahren auf einem kleinen Bäumchen gewachsen ist und dass ihn ein wilder Sturm im letzten Herbst vom Baum gerissen hat. Nun ist er traurig, weil er so allein ist, er sucht Freunde. Bestimmt können die Kinder da helfen …

So wird's gemacht

- Jeder sucht sich einen 25 bis 30 cm langen Stock, evtl. mit Gartenschere kürzen.
- Die Wackelaugen und die Perlennase aufkleben. Genügend Platz lassen für den Hut oder Haare.
- Mund mit Faserschreiber aufmalen.
- Alles gut trocknen lassen und in der Zeit Material für Haare, Hut und weitere Dekoration suchen.
- Aus einem festen Blatt (z. B. Buche) beispielsweise einen Hut drehen und diesen mit einer Feder oder einer Tannennadel zusammenstecken.
- Mooshaare oder Grashaare und Hut mit etwas Klebstoff auf dem Kopf des Wichtels befestigen.

Los geht's

- Jedes Kind überlegt sich einen Namen für seinen Stockwichtel.
- In der ersten Frage- und Sprechrunde stellt jedes Kind seinen Wichtel bei Stefan Stock vor.
- In der zweiten Runde sagt jeder, dass auch er einen Freund sucht und ob Stefan das sein möchte? Am Ende der Runde sind alle Wichtel gute Freunde.
- Was möchten die Wichtel mit ihren Freunden spielen? Jeder denkt sich ein Spiel aus, das er gerne spielen möchte.

Variationen

- Stefan Stock können Sie auch wie eine Handpuppe einsetzen. Im Wald kann er z. B. Spiele ansagen, das Signal zum Heimgehen geben usw.
- Mit den vielen selbst hergestellten Waldwichteln können sich die Kinder auch ein Wald-Theaterstück überlegen und vorführen.

Sprache & Medien

Das Gedicht vom Zapfentier
Einen Gedichthelden herstellen und damit spielen

→ **Förderschwerpunkt**
- **Sprache – Gedicht lernen (Wortschatzerweiterung und Reimworte erleben)**
- **Logisches Denken**
- **Handgeschicklichkeit – Montieren**
- **Auge-Hand-Koordination**

Alter
  ab 5 bis 6 Jahren (4 bis 8 Kinder)
  evtl. ab 4 Jahren, je nach Gruppenstärke (1 bis 4 Kinder)

Spielsituation
  draußen oder im Gruppenraum

Materialien
  Je Zapfentier:
- 2 saubere schöne Fichtenzapfen
- 1 rote Perle
- etwas Moos oder Flechten
- schwarzen und roten Faserstift
- Klebstoff

Sprache & Medien

Einstieg
Die Kinder sammeln im Wald je zwei schöne Fichtenzapfen und etwas Moos oder Flechten.

Los geht's
→ Einen der beiden Zapfen dürfen die Kinder in seine einzelnen Schuppen zerlegen. Die Schuppen als Beine (Füße) auf den zweiten Zapfen aufkleben. Alles trocknen lassen und in der Zwischenzeit das Gedicht schon einmal vorstellen.

Gedicht: Das Zapfentier

1. Ich bin ein schuppiges Zapfentier,
   Beine habe ich mehr als vier.
   Ich hab 'ne rote Nase,
   mein Freund, das ist der Hase.

2. Meine Haare sind ganz grau,
   ich suche eine Frau.
   Schwarze Augen, roter Mund,
   schau mich an, ich bin gesund.

→ Können die Kinder beim zweiten Mal schon die Reimworte mitsprechen?
→ Nun schwarze Augen und einen roten Mund aufmalen, die rote Perlennase und die grauen Haare ankleben.

Einsatzmöglichkeiten
- Je zwei Kinder versuchen gemeinsam, das Gedicht aufzusagen.
- Mit den Zapfentieren das Gedicht den anderen vorführen.

Sprache & Medien

Igel-Theater!
Ein Theaterstück mit dem Stabigel Ingo

→ **Förderschwerpunkt**
- **Sprache und Literacy**
- **Feinmotorik**
- **Auge-Hand-Koordination**

Alter
 ab 5 bis 6 Jahren

Spielsituation
 draußen oder am Tisch

Materialien
- Pappe (z. B. von Verpackungen)
- Rinde (dünn und nicht zu feucht)
- braunes Moos
- Rindenreste
- schwarzer Filzschreiber für Augen und Nase
- Klebstoff
- Schere
- 1 Stöckchen, Bastelspieß oder Eisstiel zum Halten
- Malpapier und Farbstifte

Sprache & Medien

Einstieg

→ Die Kinder malen den Igelkörper auf Pappe und schneiden ihn aus. Evtl. den Igelkörper vormalen.
→ Nächste Aufgabe an die Kinder: Schneide aus der Rinde die Igelstacheln aus (gleichschenklige Dreiecke) und klebe sie wie Dachziegel von hinten nach vorne auf die Pappe.
→ Den ganzen Kopf mit braunem Moos bekleben. Für das Auge und die Nase etwas Baumrinde zuschneiden, schwarz anmalen und aufkleben.
→ Das Holzstäbchen mit Klebstoff bestreichen und an den Igel als Stabpuppe daran befestigen.
→ Zum Abstellen der Stabpuppe können die Kinder einen Blumentopf mit dem restlichen Moos und Rindenresten füllen und die Puppen hineinstecken.

Los geht's

→ Die Kinder überlegen sich eine Geschichte: Was könnte ihr Igel alles erleben? Passend zur Geschichte dürfen sie ein Bild malen. Dazu können sich auch zwei oder mehrere Kinder zusammenfinden.
→ Die Geschichte können die Kinder dann den anderen Kindern als kleines Theaterstück vorspielen und ihr Bild dazu als Hintergrund benutzen.

Eine mögliche Geschichte: Igel Ingo geht spazieren

Es war einmal ein kleiner Igel namens Ingo. Seine Stacheln, die er schon als Igelbaby hatte, waren schon fest und spitz geworden. Darum durfte Ingo heute zum allerersten Mal ganz allein spazieren laufen. Ohne Mama und ohne seine Igelgeschwister. Stolz lief er am Waldrand direkt neben der Dorfstraße entlang und verspeiste eine leckere Nacktschnecke. Gerade wollte er sich wieder in Bewegung setzen, da passierte es: Ganz plötzlich stand ein großer, brauner Hund vor ihm. Es war Floh, der Hund des Försters!

Floh war ein guter Jagdhund und jetzt wollte er seinem Herrn den kleinen Igel Ingo sehr gern als Jagdbeute mitbringen. Er sperrte sein Maul ganz weit auf, sodass Ingo die weißen, großen Zähne sah.

„Hilfe, der will mich fressen!", dachte Ingo voller Angst. Eins, zwei, drei, rollte er sich ganz schnell zu einer Stachelkugel zusammen. Pieks! Da stachen Floh auch schon drei lange, spitze Igelstacheln in die Hundenase. „Auuuuu!", rief Floh und rannte so schnell er konnte davon.

„Gerade noch mal Glück gehabt", keuchte der kleine Igel Ingo erschöpft. „Wie gut, dass meine Stacheln schon so hart und spitz geworden sind!"

Variante für jüngere Kinder

- Den gesamten Igel aus einem Rindenstück schneiden, von den Kindern ausschmücken lassen und mit Führerstab versehen.
- Jeder sagt, wie sein Igel heißen soll und wo er wohnt.

Sprache & Medien

Karl, der Waldkauz, passt nicht auf

Eine Geschichte übers Fressen und Gefressenwerden

→ **Förderschwerpunkt**
- Sprache/Literacy
- Gedächtnis/Merkfähigkeit
- Wissen über die Natur: Nahrungsnetze

Alter
ab 4 Jahren

Spielsituation
draußen und im Sitzkreis

Materialien
keine

Sprache & Medien

Einstieg

Stellen Sie den Kindern den Waldkauz anhand der passenden Praxiskarte hinten im Ordner vor. Fragen Sie die Kinder, ob sie wissen, von was sich der Kauz ernährt. Passend dazu können Sie diese Geschichte vorlesen und nachspielen:

Karl, der Waldkauz, passt nicht auf

In einem tiefen, schönen Laubmischwald lebte einmal ein kleiner Kauz, genauer gesagt ein Waldkauz mit dem Namen Karl. Wie es Waldkäuze so tun, hielt er tagsüber ein Nickerchen und wurde erst wach, wenn es im Wald langsam dunkel wurde. Mit seinen scharfen Augen konnte Karl im Dunkeln nämlich prima sehen. Außerdem, darauf war er sehr stolz, hatte er an seinen Vogelfüßen scharfe Krallen, mit denen er sich auf Ästen festklammern oder kleine Beutetiere schnappen konnte. Heute hat er ganz besonders viel Hunger. Am liebsten, dachte er, wäre ihm ein kleiner Vogel oder eine leckere Waldmaus. So hockte er sich auf seinem Ast bequem zurecht und musterte geduldig den Waldboden unter ihm. Da! Da war eine kleine Waldmaus. Sie hatte sich gerade erst aus ihrem Mauseloch getraut und blickte sich misstrauisch um. Karl konnte so leise und so schnell fliegen wie der Wind. Und so stürzte er sich auf die kleine Maus und packte sie.

„Halt!", rief die kleine Maus. „Nicht so schnell! Du wirst mich doch wohl nicht verspeisen wollen, oder?"

„Doch!", sagte Karl, dem der Kauzmagen grummelte.

„Momentchen!", piepste die Maus. „Da hinten, da habe ich eine ganz fette Meise gesehen, die duftet wunderbar, riechst du das?"

Karl schnupperte misstrauisch in die Richtung, in die die Maus mit ihrem rosa Pfötchen gezeigt hatte.

„Wo denn?", fragte er interessiert.

Für einen kurzen Moment hatte er nicht auf die Maus geachtet. Und schwupps, da hatte sich die kleine Maus schon aus seinen Krallen befreit und war weggehuscht.

„He!", schrie Karl der kleinen Maus nach. „Ich wollte dich doch so gern auffressen!"

„Pech gehabt!", rief die Maus aus ihrem Mauseloch heraus. „Hättest eben besser aufpassen müssen!" Und kichernd verkroch sie sich in ihrem Mauseloch und verspeiste einen Rüsselkäfer, der nichtsahnend um die Ecke gekrochen war.

Wissen zu den Nahrungsketten im Wald

Die Tiere und Pflanzen im Wald bilden eine sog. Lebensgemeinschaft. Sie sind von einander abhängig. Dazu gehört, dass manche Tiere von anderen gefressen werden oder selbst Tiere fressen. Die Natur reguliert dadurch die Anzahl von Tieren selbst.

> **Was fressen Waldtiere?**   **Nahrungsketten und Nahrungsnetze im Wald**
>
> Manche Waldtiere wie Reh und Hirsch ernähren sich von Pflanzen(teilen). Rehe knabbern z. B. junge Triebe von Bäumen ab, fressen Kräuter, Gräser, Baumfrüchte, wie z. B. Kastanien oder Eicheln usw. Andere Waldtiere ernähren sich räuberisch, d. h. sie fressen andere Tiere. Füchse, Eulen und Käuze fressen beispielsweise gern Mäuse oder Vögel. Tote Tiere werden von der „Waldpolizei im Waldboden" beseitigt (vgl. Seite 50).
>
> **Beispiele für Nahrungsketten**
> Waldpilz → Schnecke → Igel → Fuchs
> Laubblatt → Raupe → Kohlmeise → Wildkatze
> Mücke → Spinne → Waldmaus → Waldohreule
>
> Heute spricht man weniger von Nahrungsketten als von Nahrungsnetzen, die ineinander übergreifen.

PiKo • Waldkinder • 70

Sprache & Medien

Poster-Info
Anregungen und Informationen zum Wimmelposter

→ **Förderschwerpunkt**
- **Wissen über den Wald und seine Bewohner**
- **Freies Sprechen**
- **Freies Assoziieren**

Alter
ab 2 Jahren

Spielsituation
im Sitzkreis

Materialien
Wimmelposter aus diesem Ordner

Tiere im Wald
1: Kleiber
2: Hirschkäfer
3: Wildschwein
4: Wegschnecke
5: Eichelhäher
6: Buntspecht
7: Zitronenfalter
8: Eichhörnchen
9: Reh
10: Hirsch
11: Hase
12: Igel
13: Dachs
14: Iltis
15: Fuchs
16: Fledermaus
17: Waldohreule
18: Baummarder
19: Nachtfalter
20: Maus
21: Ameisenhaufen
22: Fliegen

Sprache & Medien

Einstieg

Lassen Sie die Kinder in Ruhe das Poster betrachten. Spontane Äußerungen sind natürlich willkommen und erwünscht. Lassen Sie die Kinder ihre Fragen stellen und beantworten Sie alles nach Möglichkeit. Erklären Sie, dass im Wald nachts eine neue Welt erwacht und Tiere auf die Pirsch gehen, die man tagsüber oft nicht zu sehen bekommt. Fragen Sie die Kinder, warum wohl manche Tiere nachts und andere tagsüber aktiv sind.

Informationen zu tag-, dämmerungs- und nachtaktiven Waldtieren

→ **Tagaktiv**
- sind neben **Wildschweinen**, die sich tags, nachts oder in der Dämmerung auf Futtersuche machen, auch **Hase** und **Wildkaninchen** sowie die meisten **Waldvögel** (mit Ausnahme der Eulen und Käuze). Auch die großen **Greifvögel** im Wald wie Habicht und Sperber sind tagaktiv. Mit ihren scharfen Augen können sie Beutetiere am Boden schnell erkennen.
- Am Tag sind auch die **Eichhörnchen** munter, die Licht benötigen, um Futter zu finden. In der Nacht schlummern sie in ihrem Kobel.
- **Schmetterlinge** wie der Große Schillerfalter oder das Tagpfauenauge sonnen sich gern im warmen Sonnenlicht, das ganz oben in den Baumwipfeln vorhanden ist. Bei Nacht ruhen sie mit zusammengefalteten Flügeln an versteckten Orten, z. B. unter Blättern.

→ **Dämmerungsaktiv**
- sind vor allem **Rehe** und **Hirsche**. Bei abnehmendem Tageslicht wagen sie sich aus dem Unterholz hervor auf Lichtungen und Wiesen, wo man sie frische Grashalme äsen sieht.
- Auch der **Dachs** beginnt seinen Beutezug in der Dämmerung.
- **Igel** und **Fledermäuse** gehen ab Einbruch der Dämmerung auf die Jagd.
- **Mücken** und **Fliegen** versammeln sich im Dämmerlicht gern zu dichten Schwärmen.

→ **Nachtaktiv**
- sind Raubtiere wie **Baummarder** und **Fuchs**, die kleine Säugetiere und Vögel jagen.
- Auch viele kleine **Nagetiere** wie die Waldmaus trauen sich vor allem im Dunkeln aus ihrem Bau. Sie sind ein willkommener Beutehappen für **Waldohreule** und **Waldkauz**, die mit ihren Augen gut im Dunkeln sehen und außerdem ausgezeichnet hören können.
- **Nachtfalter** sind nachts die Hauptbeute von **Fledermäusen**. Tagsüber schlummern Fledermäuse oft zu vielen aneinandergekuschelt in dichten Fledermaushorden in Baumhöhlen.

Tipp

Bei einer Nacht- oder Dämmerungswanderung haben die Kinder vielleicht einmal die Möglichkeit, einige der nachts oder in der Dämmerung aktiven Tiere live zu erleben. Angeboten werden geführte Waldwanderungen häufig von Förstern oder Naturfreundeverbänden sowie NABU oder privaten Experten.

Weißtanne

Tannenzapfen

Weißbirke

Birkenfrüchte (Fruchtstand)

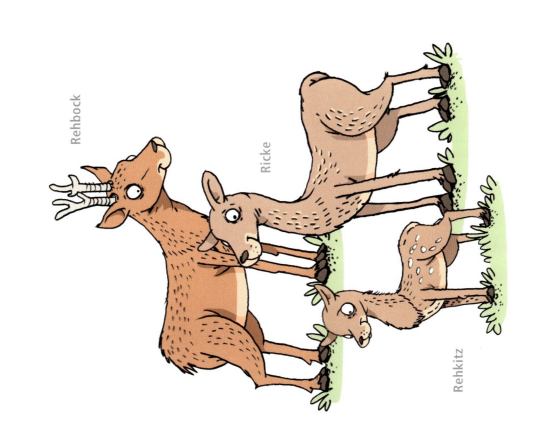

Baummarder

Fuchs

Waldohreule

Eichhörnchen

Buntspecht

Eichelhäher

Mistkäfer

Hirschkäfer

Hirschkäfer-Weibchen

Hirschkäfer-Männchen

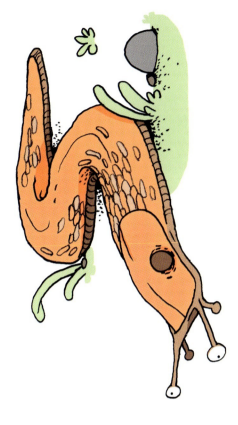

Wegschnecke

Rote und Schwarze Waldameise